わたしの私学経営

企業経営的視点から

光華女子学園 学園長
名誉理事長
阿部 敏行 著

協同出版

はじめに——新しい私学経営

私学の経営者は、今なお学校に育ち、学校の世界しか経験していない人が大多数である。創設者の多くが、仏教徒であれキリスト教徒であれ、いわゆる敬虔な宗教者であり、今も私学経営はその系統にあるものが継承していることが多い。従って、自ずとマネジメントは教育が中心であり、経営の本質にまで意識が向かないケースも散見される。創設者の系統でなくても、大学・大学院を卒業して直ぐに学校という聖地に入り、教育職あるいは事務職を経験して経営者に上り詰めたというケースも珍しいことではない。学長が理事長を兼務している大学が多いのもこのタイプである。これらはいずれも経営的視点が疎かになることが多い。少なくとも二〇年ほど前には、企業経験者が学校法人の理事長を務めていることは極めて珍しかった。私立大学協会や日本短期大学協会の理事長協議会等経営者の会合でも、それは異色な存在として注目されたほどである。これは高校法人の場合も同様で、一〇年程前に私が京都府私立中高経営者協会会長をしていた時など、全く異色の存在で、役員諸氏と意見がかみ合わず、苦労したことが多かった。しかし、近年は学校法人の経営者に企業の経験者が漸次増加してきた。言うまでもなく、企業に数年在籍していたからと言って、私学経営にその経験が生かされるわけでもない。要は企業の経営を学ぶ機会を持っていたかどうかである。

数年前、企業で役員経験のある私学経営者の人たちと話をしたことがあるが、異口同音に学校経営の難しさを吐露していた。特に大学自治という言葉がまだまだ幅を利かせている学校法人には、私学淘汰の荒波が押し寄せる中、早期に解決すべき課題が多く見られる。

本書ではわたしの三〇年を超える企業での様々な経験をもとに、学校法人の経営改革について論述する。第1章では私立学校が創設される経緯や社会的役割など私学の概要を、第2章では企業経営的視点に立った私学経営について、二〇〇一（平成十三）年四月に理事長に就任した学校法人光華女子学園の二〇年間の取り組みから紹介する。なお、「企業経営的視点」とは、単に収益（学校会計で言う基本金組入前事業活動収支差額）の拡大を目的とするものではないのは言うまでもない。企業は顧客満足度の向上をはかりつつ、さまざまな事業活動を通じて社会的責任を果たし、ＰＤＣＡサイクル（Plan（計画）・Do（実行）・Check（評価）・Action（改善））を繰り返すことによって、生産管理や品質管理などの管理業務を継続的に改善していく手法のこと）とスピード感のある合理的・効率的な活動をしているが、本書は、私学経営にこの企業ガバナンス（企業経営を管理監督する仕組みのこと）のあり方を学ぼうとするものである。

わたしの私学経営——企業経営的視点から＊目次

第2章　企業経営的視点に立った私学経営

第1章

私立学校の概要

1. 私立学校の歴史

私立学校（私学）は、私立学校法に基づき学校法人が設置する学校で、国または都道府県や市町村が設置する学校（国・公立学校）とは異なり、それぞれ建学の精神に基づく独自の教育を行っている。私学の歴史は古く、今から約一二〇〇年前（八二九年）に弘法大師空海が、京都に「綜芸種智院《しゅげいしゅちいん》」という学校を設立したのに始まる。空海は当時の教育が貴族のみを対象にしていたため、庶民大衆にも教育の機会を与えるべきと考えたのである。この考えは時代を超えてつながっていく。たとえば、江戸時代に入ると私塾や寺子屋（主に上方での名称、江戸では幼童筆学所と呼ばれた）という形でつながり、一六七三年には岡山藩主池田光政によって庶民学校（閑谷《しずたに》学校）が開設され、また幕末の一八五八年には、福澤諭吉が後の慶應義塾となる蘭学塾を開いている。さらには、明治維新以降もキリスト教や仏教の各宗派が学校の設立を進めた。

明治時代に入って政府が新たに教育制度[1]を設けたことにより、私学の設立は比較的容易になったが、教育内容の統制は厳しく、自ずと官公立尊重の風潮が支配的になった。とりわけ、明治中期以降になると、ミッション・スクール（キリスト教教会が設立母体）が多く設立されたが、教育勅語を教育の柱に置く国はミッション・スクールの拡張を危惧して宗教教育を規制している。一八九九（明治三十二）年には私立学校令が公布され、わが国の近代教育の中に私立学校が正当なものとして位置づけられ、基盤の整備が進んだが、同時に国による厳しい統制を受けることとなった。この統制は一九四七（昭和二十二）年、太平洋戦争終戦後の学制改革[2]により終結する。

ところで、明治時代に入ると学校の整備が進んだが、男子のための中学校の設立が優先され、女子のための女学校は後回しにされていた。しかし、私立学校令と時を同じくして一八九九年に高等女学校令が発布され、私立の高等女学校が正式に認められている。さらに一九〇三年には専門学校令が公布され、女子の高等教育機関が認可された。良妻賢母の育成を求める国と、キリスト教教育を認められなかったミッション・スクールとの間には軋轢《あつれき》が生じていたが、後者は常に国と距離を保つことで独自の学校文化を発展させた。なお、戦前には多くの女子校が創設されており、大正初期には男子のための中学校が三一七校存在したのに対し、高等女学校は三三〇校と女子校が男子校を上回っている。

戦後まもなく一九四九（昭和二十四）年には私立学校法が公布されるとともに、一九七五（昭和五十）年には私立学校振興助成法[3]が議員立法の形で成立し、翌年施行された。これにより私学に対する税制上の優遇措置など私学振興施策が充実し、特に経済の高度成長に伴う所得水準の上昇や伝統的な学歴尊重の傾向とが相まって、国民の需要が高まった高等教育においては、学校数、学生数とも私学が大きなウエイトを占めるなど[4]、私学はわが国における教育の発展に大きく寄与し、その役割を十分に果たしてきた。

2．私学の役割と社会への貢献

現在、わが国の高等教育機関の八二％が私学であり、学生の七五％は私学に在籍している。このことからも分かるように、私立大学は質量ともに高等教育の基盤を担っていると言っても過言ではない。また全般的に私学がわが国の学校教育の発展にとって、重要な役割を果たしているのも間違いない。その私学の役割は何か。

まず、私学には建学の精神があり、それを基に教育・研究の目的が規定され、自主性・自律性が担保されて個性豊かな特色ある運営をすることが挙げられる。まさに私学にとって建学の精神は、人の身体に刷り込まれた遺伝子のように、時代が変わろうとも創設者の願いが学生生徒に受け継がれていくのである。私学の役割の二つ目は公共性の維持である。私学といえども公教育を担っていることから、それは当然のことであり、そのためにも社会からの信頼性を担保する必要がある。正確で新鮮な情報のディスクロージャー（情報開示の総称のこと）に努めるなど、透明性も不可欠であろう。三つ目は永続性である。公教育を担う学校である以上、在校生や卒業生に対して継続発展の責務がある。この他にも、学校の健全な運営のために、健全な経営基盤の醸成に努めなければならないのは言うまでもない。企業は経営が立ち行かなくなれば、資産を整理して速やかに倒産の手続きを取ればいいかもしれないが、学校はそれが許されない。そこが大きく違うところである。私学のミッションを繰り返すと、自主性・自律性、公共性、そして永続性ということである。

ところで、こうした役割を担う私学であるが、とりわけ私立大学が社会に存在価値を認められるその拠り所は何か。それは言うまでもなく、第一に、建学の精神を基盤に置いた多様性のある教育を徹底し、その精神を涵養した多様な人材を社会に輩出することである。次いで、研究分野のみならず教育方法や就職活動の指導面においても、国公立大学に負けない、社会への貢献を念頭に置いた先進的な取り組みを、自ら進んで開拓する進取の気性に富んだ活動ができること。そして、常に在野の精神を忘れず、官学産連携事業等にも果敢に挑戦することであろう。

わが国の将来に目を向けると、いわゆる超スマート社会「Society 5.0」への突入により、人生一〇〇年時代を迎えるとともに、少子化は一層進展する。一方で、IoTやAI、ロボット等の加速度的な技術革新にともなう産業構造はダイナミックに変化し、さらにはグローバル化も急激に進展するであろう。こうした社会の到来で、企業のダイバーシティ・マネジメント（多様性を活かす経営）が浸透し、従来とは異なった文理融合型の、かつ人と向き合い、温かい心でコミュニケーションのとれる人材が重宝されることとなるに違いない。私立大学はこうした社会のニーズに応えて、思いやりの心をもって他者と共生でき、かつ創造力豊かな人材を輩出することが望まれるのは言うまでもない。そして、地域の知のプラットフォーム（基盤）として、官学産が連携して社会人の学び直しのためのリカレント教育を提供することも、大学としての社会への貢献であり、存在価値を一層高めることとなるであろう。

3．私学経営環境の変化——私学淘汰の時代へ

私立学校を取り巻く経営環境は近年ますます厳しくなっている。一〇数年ほど前に、「七〇〇ショック」という言葉があった。当時、高等教育機関は大学・短大を合わせて一二〇〇校以上あったが、一〇年後には七〇〇校もあれば十分であると、あるシンクタンクが予想した。その頃から、私学界では「まさかそこまでは厳しくならないだろう」とか、「そうなってもうちは大丈夫だ」など、比較的安穏と受け止める向きも多く見られた。しかし少子化は着実に進行し、文部科学省の行政指導も私学ビッグバン（大規模な改革）の方向へと大きく舵を切ることとなって、私学の経営環境は激変する。私学淘汰の時代の到来は、今まさに現実のものとなりつつある。

（1）わが国を取り巻く諸情勢の変化

わが国の現状は、少子高齢化の進展とそれに伴う経済成長の鈍化、さらには世界に視野を移すと、わが国の国際的な存在感の低下など厳しさを増している。成長し続けてきた社会を今後とも持続していくのはかなり難しい。労働力を提供する一五歳から六四歳の生産年齢人口を見ても、二〇一三（平成二十五）年の約八〇〇〇万人から二〇六〇年には約四〇〇〇万人へと半減すると予測されている。逆に六五歳以上の老年人口の比率は、二〇一三年の約二五％から二〇六〇年の約四〇％へと一段と高齢化が進む見通しである。(5)

このような状況に向き合いつつ、人生一〇〇年時代のわが国の社会構造は、未来に向けて更に大きく変化していくであろう。各分野でイノベーション（技術革新）が進化して様々なニーズに対応できる社会、IoT（Internet of Things：モノのインターネット）により、すべての人とモノがつながり新たな価値が生まれる社会、より進んでAI（Artificial Intelligence：人工知能）により必要な情報が必要な時に提供される社会へと進化し始めているところである。ロボットやドローン、自動運転車などの技術進化で人の可能性が一段と広がる社会になっていくに違いない。いわゆる超スマート社会「Society 5.0」[6]の到来である。AI時代になると、たとえば大企業では、高学歴の人ほど「用なし」になる危険性をはらんでいる、とも言われている。

では、こうしたAI時代において生き残るためには、私たちはどのようにあるべきなのか。「人間ならではの強み」を身に付けておく必要性が目に見えて増してくるといえるだろう。こうしてAI時代への突入は産業構造をも大きく変化させることになる[7]。

(2) 少子社会の進展と進学率

昭和初期のわが国の総人口は六〇〇〇万人をわずかに上回る程度であったが、その後増加の一途をたどり昭和四十年代初頭に一億人を超え、二〇一六(平成二十八)年の一億二八〇〇万人をピークにその後減少基調にある。約五〇年後には総人口が三割程度減少する見込みと推定されている。このように、わが国社会の少子高齢化はかなりのスピードで進んできた。

高校卒業時の一八歳人口を見ても、言うまでもなく減少基調にあり、その勢いはまるで堰《せき》を切ったかのようである。一九九二（平成四）年に二〇五万人を数えピークを迎えた後漸減し、一〇年後の二〇〇二年には一五〇万人、さらに二〇一二年には一一九万人にまで減少している。現在（二〇二〇年）はピーク時の五七％となる一一七万人で、ここ数年はほぼ踊り場状態にあるが、二〇二一年には一一四万人となり、以降は小さな波を打ちながらも減少基調に入り二〇三二年には一〇〇万人を割り込み、さらに二〇四〇年には現在の約四分の三にあたる八八万人になると推計されている。(8)

これを地域ブロック別に見ると、大きな差があることがわかる。(9)ちなみに、二〇一五年の実績値と二〇三三年の推計値で比較すると、最も減少割合が大きいのが東北で九万人から六・四万人と二・六万人、二八・五％の減少であるのに対して、東京圏は三〇・五万人から二八・二万人と僅かに七・五％の減少にとどまる。なお、東京圏に次いで一八歳人口の多い近畿でもおよそ二〇万人から一六万人と四万人、二〇％も減少すると推計されている。

一方、大学進学率は18歳人口が減少し続ける中でも一貫して上昇し、二〇一七年には五二・六％に達して、これに伴い進学者数も増加傾向にあった。しかしながら、進学率は今後も微増傾向を維持し、二〇三三年時点でも五六・七％（推計値）と予測されるものの、一八歳人口の減少に伴い、大学入学者数は二〇一八年に減少局面に突入している。

こうした人口の減少はもとより大学・短大の入学者数の減少につながり、私学経営を圧迫するのは言うまでもない。たとえば、二〇一五年の一八歳人口は一二〇万人で大学短大の入学者合計は六七・九万人、入学率は五六・五％であった。二〇三一年の一八歳人口は九九・一万人と推計されており、この時点で進学率が二〇一五年と同率と仮定すれば入学者数は五六万人となり、約一二万人減少することになる。一八歳人口の減少は小規模校ほど影響が大きいことも考えると、私立大学の淘汰が避けられないのは火を見るよりも明らかである。

（3）文部科学省教育行政の変化

文科省のある高官は数年も前に、私学法人の経営者を前に「これからの時代、受験生から選ばれない私立大学は市場から退場することになる」と公言していた。また、近年国家財政が逼迫《ひっぱく》していることを背景に、財務省は私学への予算配分を年々削減しようと文科省に圧力をかけている実態が見えてくる。わが国のＧＤＰ（国民総生産）に占める高等教育への公財政支出の割合は、ＯＥＣＤ（経済協力開発機構）諸国の中で最低水準であるという実態があるにも拘らず、さらなる削減の方向に進んでいるのである。(10)

自民党の教育再生実行本部が文科省に質した文書の中に、「私学助成の充実」がある一方で、「少子化を踏まえた大学の定員の再検討」ということが書かれている。これに対する文科省の回答には、私立大学等経常費補助の確保を図ると述べつつ、成果にかかる客観・共通指標による実績状況に基づいた配分の実施としている。また、定員の再検討については、私立大学の学部単位等での事業譲渡の円滑化や各大学等の強みを生かした連携を可能にする制度の導入検討としている。このように、昔の「大学は一校たりとも潰さない」といった、いわば護送船団に近い考え方からは、文科省の政策・指導方針は一八〇度転換している。

ここで補助金制度の実態を見ておこう。私立大学の事業活動収入（帰属収入）の一割弱（二〇一八年度八・九％）は経常費等補助金であり、その総額は二〇一八年度当初予算額三一五四億円であった。この補助金はそもそも私立大学の運営に不可欠な経常的な費用を補助し、教育研究の向上や地域貢献を支援するものである。経常費補助はその約八五％が一般補助で、教育研究に係る経常的経費の支援であるが、教育の質の向上を促進するため、客観的指標を活用したメリハリある配分が行われている。

またこの他に特別補助があるが、これは特色ある教育研究の推進や、産業界・他大学等との連携など、特色や強みの明確化に向けた改革に全学的に取り組む大学への支援、および経済的に修学困難な学生を対象にした授業料減免等を行う大学への支援である。この補助金の二〇〇四年度から一五年間の当初予算額の推移を見ると、二〇〇六（平成一八）年度の三三一三億円をピークに年々減少し、二〇一八年度はその九五・二％で一五九億円の減少となる。[11] この減少傾向は、国家財政が逼迫していることを背景に、文科省が財政審議会建議等の指摘事項を踏まえた形で補助金の配分を質量ともに厳しく削減してきたことによるものである。

二〇一九年度から私立大学等経常費補助金の配分見直しが本格的に実施されたが、その事項を見ると、①定員未充足に対する調整係数の強化及び教育の質に係る客観的指標導入に伴う調整措置の実施、②財務情報を公開していない場合の減額幅を▲一五％から▲五〇％に厳格化、③特別補助の交付要件及び審査方式の見直し、となっている。特に注目すべきは、特別補助の交付要件の見直しであり、収容定員充足率が七五％未満で、かつ過去五年のそれが年々悪化し、過去五年の事業活動収支差額が毎年赤字の場合に減額するとしている点である。現時点でこれに該当する私立大学は極く僅かであると思われるが、今後はこの要件に抵触する大学が増加すると見られる。

（４）私立大学の経営状況

二〇一八年度における私立大学五八二校（日本私立学校振興・共済事業団集計対象）の入学定員充足率は一〇二・六四％（対前年一・九七ポイント減）、うち充足率一〇〇％未満の定員割れ大学は二一〇校の三六・一％であった[12]。規模別に見ると、入学定員四〇〇人以上の大学は定員を充足しているが、四〇〇人未満の小規模校は定員割れの状況にある。ちなみに、二〇年前の一九九七年度では僅か数％しか定員割れはない。入学定員が確保できなければ学生数は減少し、大学経営に大きな影響を及ぼすことになる。

私立大学の経営状況を事業活動収支差額で見ると、地方にある中小規模の私立大学三三二校のうち四六％強が赤字となっている。同じ地方にあっても、大規模二〇校のうち赤字校は二校（一〇％）しかない。一方、都市部にあっても中小規模一九六校のうち七五校（三八・三％）は赤字であるが、大規模の四二校で赤字に陥ったのは三校でしかない。[13] これを見ても、私立大学は小規模であるほど学生確保が難しく経営が厳しいと言いえる。ちなみに、私立大学の事業活動収入に占める学生納付金および経常費等補助金の割合は七七・五％と九・三％であり、一方、事業活動支出に占める人件費と教育研究経費の割合は五四・三％と三六・八％である。[14] また、小規模校ほど収入では納付金の割合が、支出では人件費の割合が大きい。教育研究経費への支出割合はやはり小規模ほど小さい傾向にある。もちろん、赤字が続けば教育研究に向ける資金も限られてきて、教育の質の向上も期待できなくなるのは言うまでもない。

〈注〉

（1）一八七二年に学制が発布され、下等小学校四年、上等小学校四年の計八年が教育年限であった。華族・士族から一般庶民まで、男女ともにすべての者を小学校に通わせることを布達した。（翌年の就学率は男子約四〇％、女子約一五％）

（2）教育基本法及び学校教育法が公布された。義務教育は小学校六年、中学校三年の計九年となり、いわゆる6・3・3・4制に移行した。

（3）一九七五年七月議員立法により成立し、翌一九七六年四月から施行。日本国憲法では八九条で公の支配に属しない教育に対する公金支出を禁止しているが、この助成法により、私学が国の財政援助についての法的保障の下で教育の維持向上に努力できることになり、私学振興面で画期的なことであった。

（4）25頁表：表1〈全学校数と私学の割合〉、表2〈全園児児童生徒学生等在籍数と私学在籍数の割合〉。

（5）25頁表：人口構造の変化

（6）IoTですべての人とモノがつながり、新たな価値が生まれる社会、ＡＩにより必要な情報が必要な時に提供される社会、等。

（7）一〇年後の職業の変化

生き残る仕事	なくなる仕事
看護職／医療ソーシャルワーカー	医療事務
心理士／学校・産業カウンセラー	電車運転士
医師／言語聴覚士／作業療法士	警備員
教員／保育士	レジ係
商品開発部員	経理事務員／会計監査係員
スポーツインストラクター	ホテル客室係
広告ディレクター	銀行窓口係

出典：（株）野村総合研究所（２０１５）「ＡＩによる代替可能性低い・高い１００の職業」から抜粋

〔注 4〕

表 1 〈全学校数と私学の割合〉2019.5.1 現在

	総計	国立	公立	私立	私立の割合
大学	786	86	93	607	77.2
短期大学	326	0	17	309	94.8
高等学校	4,887	15	3,550	1,322	27.1
中学校	10,222	70	9,371	781	7.6
小学校	19,738	69	19,432	237	1.2
幼稚園	10,069	49	3,482	6,538	64.9
こども園	5,276	0	742	4,534	85.9

（単位：校、%）

表 2 〈全園児児童生徒学生等在籍数と私学在籍数の割合〉

	総計	国立	公立	私立	私立の割合
大学	2,918	606	158	2,154	73.8
短期大学	113	0	6	107	94.7
高等学校	3,168	8	2,132	1,028	32.4
中学校	3,218	29	2,950	239	7.4
小学校	6,368	37	6,253	78	1.2
幼稚園	1,145	5	168	972	84.9
認定こども園	695	0	85	610	87.8

（単位：千人、%）

出典：文部科学省「平成 31 年度学校基本統計」

〔注 5〕

人口構造の変化

〈2013 年〉（単位：万人、%）

	総数	0 ～ 14 歳	15 ～ 64 歳	65 歳以上
人口	12,730	1,639	7,901	3,190
割合	100	12.9	62.1	25.0

〈2060 年予測〉（単位：万人、%）

	総数	0 ～ 14 歳	15 ～ 64 歳	65 歳以上
人口	8,674	791	4,418	3,464
割合	100	9.1	50.9	40.0

出典：国立人口問題研究所および日本の将来推計人口をもとに作成された資料

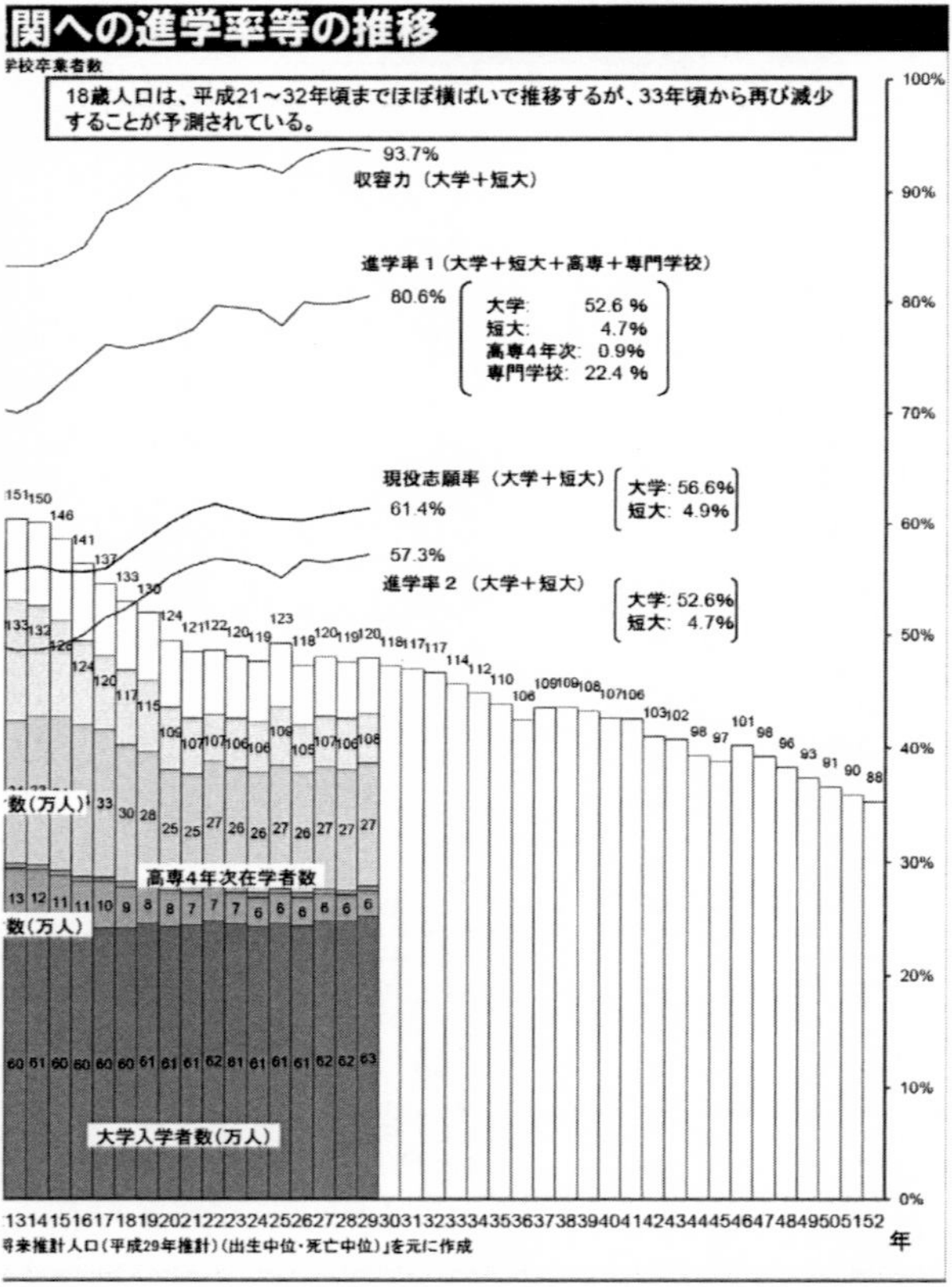

将来推計人口（平成29年推計）（出生中位・死亡中位）」を元に作成

（8）18歳人口と進学率の推移

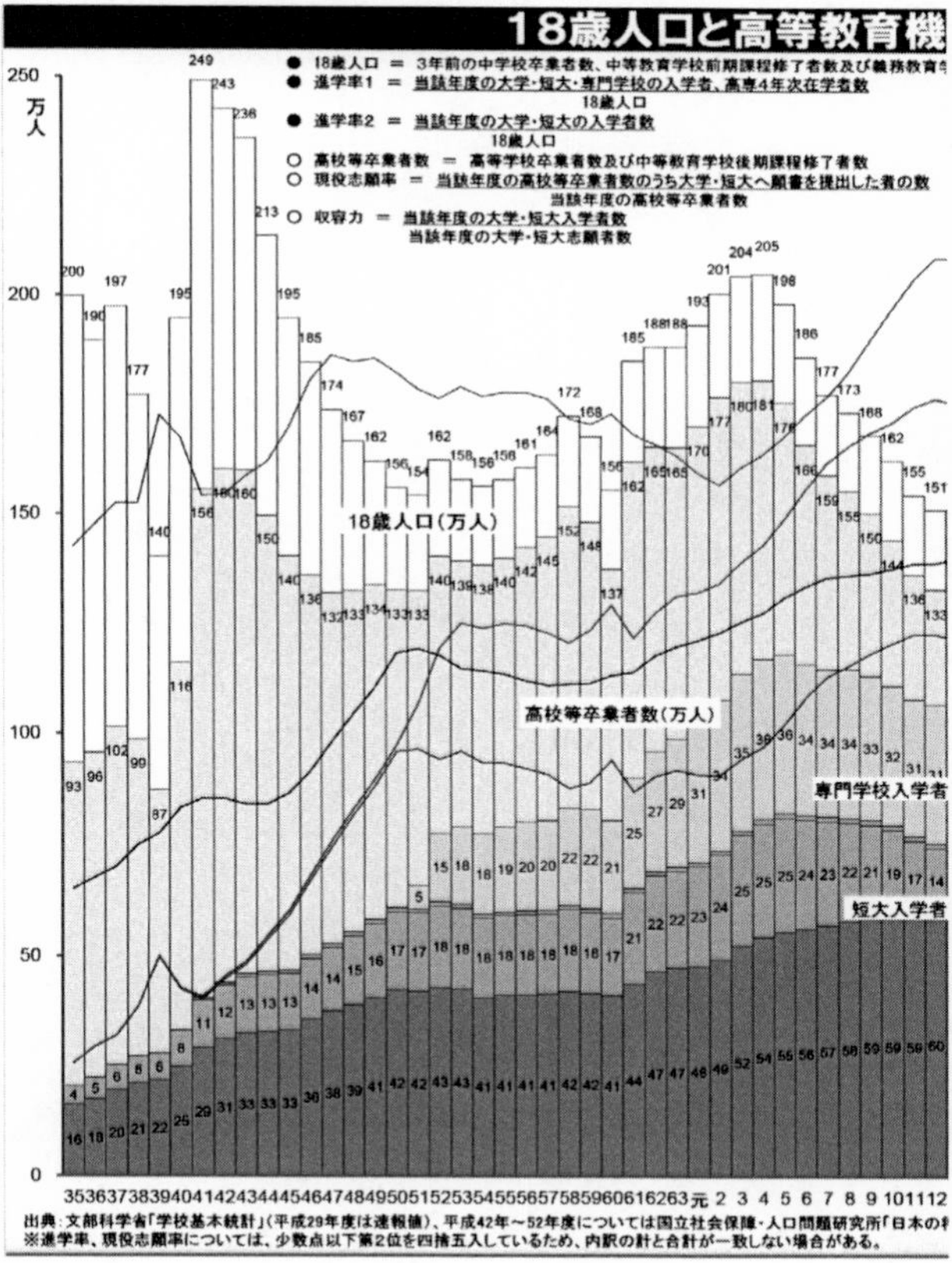

出典：文科省「学校基本統計」および国立人口問題研究所
「日本の将来推計人口」を基に作成された資料

（9）29頁表：地域ブロック別18歳人口増減
（10）29頁表：ＯＥＣＤ主要諸国のＧＤＰに占める高等教育への公財政支出の割合
（11）29頁表：私立大学等経常費補助金予算額の推移
（12）30頁表：私立大学規模別入学定員充足率
（13）30頁表：事業収支差額比率の区分別学校数（地域・規模別）
（14）30頁表：私立大学の事業活動収支の構成比

〔注 9〕

地域ブロック別 18 歳人口増減　(単位：千人、%)

地域	2015 年	2033 年	比率	地域	2015 年	2033 年	比率
北海道	49	37	▲ 25.4	東海	112	94	▲ 16.2
東北	90	64	▲ 28.5	近畿	200	160	▲ 20.0
北関東	68	53	▲ 22.8	中国	72	60	▲ 17.2
東京圏	305	282	▲ 7.5	四国	37	29	▲ 22.7
甲信越静岡	89	68	▲ 23.7	九州	148	131	▲ 11.1
北陸	30	23	▲ 23.4	合計	1,200	1,000	▲ 16.7

出典：文科省「学校基本統計」および国立教育政策研究所の推計値

〔注 10〕

OECD 主要諸国の GDP に占める高等教育への公財政支出の割合（2014 年）(単位：%)

フィンランド	1.7	ドイツ	1.1
オーストリア	1.6	韓国	1.0
ノルウェー	1.6	アメリカ	0.9
デンマーク	1.6	ニュージーランド	0.9
スウェーデン	1.5	イタリア	0.7
スイス	1.3	イギリス	0.6
カナダ	1.3	日本	0.5
フランス	1.2	ルクセンブルク	0.5

＊ OECD 平均は 1.1　　日本は 34 か国中 31 位
出典：「OECD 図表で見る教育　2014 年版」

〔注 11〕

私立大学等経常費補助金予算額の推移 (単位：億円)

年度	当初予算額	対前年差	年度	当初予算額	対前年差
2004	3,263		2012	3,188	▲ 22
2005	3,293	+30	2013	3,175	▲ 12
2006	3,313	+20	2014	3,184	+9
2007	3,281	▲ 32	2015	3,153	▲ 31
2008	3,249	▲ 32	2016	3,153	0
2009	3,218	▲ 31	2017	3,153	0
2010	3,222	+4	2018	3,154	+1
2011	3,209	▲ 13	2019	3,159	+5

出典：文科省高等教育局

〔注 12〕

私立大学規模別入学定員充足率　（単位：人、%）

入学定員	充足率	入学定員	充足率	入学定員	充足率
100 人未満	92.60	400 ～ 500	100.81	1,000 ～ 1,500	104.31
100 ～ 200	95.81	500 ～ 600	103.68	1,500 ～ 3,000	104.96
200 ～ 300	99.36	600 ～ 800	103.64	3,000 人以上	100.57
300 ～ 400	98.24	800 ～ 1,000	109.24	合計	102.64

出典：日本私立学校振興・共済事業団「30 年度私立大学短期大学等入学志願動向」

〔注 13〕

事業収支差額比率の区分別学校数（地域・規模別）

	トータル	～▲ 20 %	▲ 20 ～▲ 10	▲ 10 ～ 0	0 ～ 10	10 ～ 20	20%～
地方・中小	332 〈56.3〉	60 (18.1)	38 (11.4)	55 (16.6)	98 (29.5)	64 (19.3)	17 (5.1)
都市・中小	196 〈33.2〉	24 (12.2)	13 (6.6)	38 (19.4)	57 (29.1)	49 (25.0)	15 (7.7)
地方・大	20 〈3.4〉	0	1 (5.0)	1 (5.0)	8 (40.0)	6 (30.0)	4 (20.0)
都市・大	42 〈7.1〉	0	0	3 (7.1)	21 (50.0)	14 (33.3)	4 (9.6)

下段（　）は構成比、〈　〉はトータル 590 校の構成比　（単位：校、%）
出典：日本私立学校振興・共済事業団「今日の私学財政（平成 29 年度）」

〔注 14〕

私立大学の事業活動収支の構成比　（単位：%）

事業活動収入		事業活動支出	
学生納付金	77.5	人件費	54.3
手数料	3.0	教育研究経費	36.8
経常費等補助金	9.3	（うち、奨学費）	(2.8)
寄付金	1.6	管理経費	7.1
その他	8.6	その他	1.8
合計	100	合計	100

出典：日本私立学校振興・共済事業団「今日の私学財政（平成 29 年度）」

第2章

企業経営的視点に立った私学経営

1．経営理念の明確化

(1) 建学の精神の共有——自校史教育

私学には創設者の願いとしての「建学の精神」がある。それを基に教育・研究の目的が規定され、個性豊かな特色ある私学運営がなされている。従って、建学の精神はその私学で学ぶ学生・生徒に代々受け継がれていくものである。まるで人体に刷り込まれた遺伝子のように。私立大学の場合、建学の精神を基盤においた多様性のある教育を徹底し、この精神を身に付けた多様な学生を社会に輩出するのであり、それが私立大学の役割でもある。

しかしながら、私立大学は、建学の精神を学生に徹底して教えているだろうか。学生は受験や入学にあたって、その大学の建学の精神を理解しているであろうか。入学前に、否、入学後もその大学の創設者は誰で、創設者の願いは何かを知ろうとしているだろうか。ミッション系の大学においては、チャペルアワー等を通じて、それをたびたび聞かされ承知している学生は比較的多いように思う。しかし、その他の大学ではどうであろうか。残念ながら本学園においても、学園総裁をお勤めになっていた創設者（東本願寺門首夫人大谷智子裏方、香淳皇后の妹君）の存命中は、学生も教職員も当たり前のように建学の精神・校訓を理解しそれを誇りにしていたが、その後は漸次宗教教育すら形骸化して、建学の精神を理解している学生は殆どいない状態にまで堕落していた。学生はおろか教職員ですら言葉としての建学の精神や校訓は承知していても、意味を理解できていないし、理解しようとすらしない状態が続いていた。学生が受験先の選択においては、資格取得と就職先は考えるが、その大学で何を学ぶか、何が学べるかは殆ど眼中にないのが実態であった。そして入学式に出席して初めて、自分が選んで入学した大学が東本願寺の宗門校であることを知った、という新入生も珍しくなかった。この状態を打破するため、以下の二つの対策を講じることとした。

最初は、二〇ページ程度の手軽なハンドブック『建学の精神と教育方針』の作成と配付である。教職員必携とした。これには学園のあるべき姿を明らかにするとともに、学園創設時の経緯を記したうえで、建学の精神や校名の由来、さらには校訓「真実心」や校歌を記載している。各校園の設置目的と併せて基礎編とした。実践編では、建学の精神具現化のための行動指針「光華の心」[1]と、学園が求める学生・生徒像および教職員像を示した。もちろん、一読すればそれでよしとするものではない。後述する経営方針の伝達時など、機会あるごとに繰り返し建学の精神と自校史について話をして理解の促進を図るように努めた。また、専任の教職員の採用に当たっては全員最後に理事長面接を行うが、その際、建学の精神を尊重できる人物かどうかを見極めるとともに、四月の辞令交付式にあたっては再度1時間程度、創設者の願いや創設時からの歴史について講話を行うこととしている。

二つ目は、学生への浸透を図るため、一〇年以上前から大学・短大での初年次教育の一環として、すべての1年生に「建学の精神と自校史」の科目を必修としたことである。学長も当然その必要性を理解し賛同してくれたものの、90分の授業を誰が担当するのか、教材は誰が作るのか等、課題が多くて必ずしも順調な船出ではなかった。結局、教材の製作も講義も理事長自ら行うこととした。大学・短大は学科ごとに、人数の多い学科は2クラスに分けて順次実施したが、講義は10回に及んだ。現在は大学

2回・短大1回の講義を大教室で行っている。また、数年前から大学院の学生にも90分の講話を、さらに中学と高校の1年生にも60分授業を自ら行っている。学生・生徒全員に受講後の感想文・レポートを提出させるが、すべてを読み終えるのに相当の時間がかかって大変である。しかし創設者の願いを知り、それに適う人となりたいとか、この学校に入学できて誇りに思うなどの感想に、疲れも癒される思いがする。学生・生徒が自らの学び舎に喜びを感じ、建学の精神に誇りを持ち、胸を張って周りに自慢する姿に、私学の大きな意義を覚える。

(2) 教育の独自性の発揮と違いの構築――伝統文化教育と文質彬彬《ぶんしつひんぴん》

企業は市場での勝ち残りを図るためにどうするのか。競合相手を打ち負かすしかない。徒《いたずら》にシェアの拡大を図ろうとしても、大抵の場合、武器がなくては徒労に終わる。新製品や新技術こそが新たな市場に打って出る武器である。このために企業は、絶えず技術開発に資源を投入する。毎年、売上高比何%とガイドラインを決めて研究開発費を予算に計上しているところも多い。もちろん市場分析は不可避である。エリア特性を知り、顧客ニーズを読み取り、他社との差異化をいかに図るか。

折角の売れ筋商品を開発しても、目を見張るPR活動がなければ顧客に訴えることができないのは言うまでもない。アフターケアも含めて、いわゆるトータルマーケティングが大切である。

学校に置き換えればどうだろうか。市場はパイが縮小を続ける中で、供給過多の状態に突入している。高校3年生の一八歳人口は減少基調にあり、大学や学部の数とそれに伴う入学定員がともに増加傾向にある。(2) もちろん、これは高等教育機関に限ったことではない。初・中等教育の市場においても同じである。このような市場縮小の進行は、児童生徒や学生の確保競争を激化させるのは当然であろう。

さて、学校にとって新製品は何か。大学で言えば学科単位、高校で言えばコース単位で見ると、ほとんど新しい領域を見つけるのは難しい状態である。それでもニッチ戦略（隙間（ニッチ）を狙い、収益を上げる戦略）ではないが、隙間を見つけて自らの強みを生かしたプログラム等の施策で差異化を図る必要がある。他校との違いを構築するのは、教育内容であってもよいし、学生生徒の品格や美しさであってもよい。その美しさとは、もちろん気高く清く心輝く、外見と内面の調和のとれた美しさ、すなわち「文質彬彬《ぶんしつひんぴん》」である。もの珍しいことでなくても、その時代の社会的要請や受験生・保護者のニーズにフィットすれば地道な活動でもよい。「伝統文化・礼儀マナー教育」[3]はその一つである。京都、女性、品位、淑《しと》やかさなどをキーワードに、京都にある女子校が看板としうる教育は何かを考えた。新しいブランドに育て上げることが他校との違いを構築することになる。まず二〇〇二年度に、茶道・華道・書道・邦楽・和歌・礼法の6教科を中学高校に正課として導入し、中学校では1学年に2教科ずつを必修、高校では1学年に1教科を選択必修とした。生徒たちにはグローバルな視点を持ってほしいが、そのためにはまず歴史に培われた自国の伝統文化を知り、語れることが必要である。授業を通じてこれに触れる中で感性が育ち、自ずと礼儀マナーをしっかりと身に着け、品位品格も滲《にじ》み出るようになるだろう。こうした教育をより徹底するために学校目標を「美しい人となろう」と決めた。この「伝統文化礼儀マナー教育」は翌二〇〇三年度に京都府の「私立高校魅力ある教育創造モデル校」の指定を、さらに二〇〇四年度からは5年連続で、文科省の「教育改革推進モデル校」として指定を受けることとなった。京都市長や京都府知事からも京都の女子校らしいと絶賛していただいている。

それだけではない。二〇〇七年の夏ごろ、教育に情熱を持って取り組んでおられた、時の総理大臣からも校長に激励の電話をいただいている。さらに、福岡県議会の文教委員会メンバーが与野党を問わずに一団で見学に来られたこともあった。生徒たちは年を追うごとに品位を身に着けてきた。今では校風も見違えるようになった。と言うよりも、西の学習院と言われたころの昔に戻ったと言うほうが正しいだろう。

この教育を始めた1期生のある生徒は、6教科の一つ邦楽に魅せられて中高の6年間ずっと腕を磨き、東京芸術大学音楽学部邦楽専攻に現役で進学、大学院修士課程を経て今ではプロの演奏家として活躍している。彼女は大学院生の時、皇居にある桃華楽堂で天皇皇后両陛下をはじめ皇族の方々の前で御前演奏をしたことがあるそうだが、これは本人はもとより、伝統文化教育を推進する本学園にとっても非常に誇らしく嬉しいことである。もちろん一人の生徒が頑張ってきただけではない。国民文化祭二〇一一京都大会では、当時の皇太子殿下（今上天皇）ご臨席の開会式オープニングセレモニーで、生徒たちが華道礼式生けを披露していたが、これも大変名誉あることである。

その後小学校でも礼法や茶道、邦楽を総合的学習の一つとして取り入れるとともに、近年、大学でも伝統文化を必修科目にした。18年という時の流れを経て、昔の陸上競技から、今では伝統文化が新しい光華ブランドとなっている。ところで、文科省は二〇〇七年度から国公私立大学を対象に、教育の質向上に向けた教育改革の取り組みを選定し財政的支援を始めた。特色GP（Good Practice）や現代GP、大学教育・学生支援推進事業、戦略的連携支援事業等と呼ばれるものである。また二〇一四年度からは、新たに大学教育再生加速プログラム（AccelerationProgram, AP）の選定も行われたが、本学はこれらのいずれにも応募し、選定を受けている。[4]

特にAPでは大学短大のダブル選定となったが、これは全国唯一の快挙であった。これだけで大学として他学との違いを鮮明にすることは難しいが、自らの強みを特色とした教育内容の評価は、いずれ大学の価値を押し上げるものとなるに違いない。

（3）校是の確立――SPS（学生生徒満足度）の向上とワンストップサービス

二十数年前、企業はCS（Customer Satisfaction：顧客満足度の向上）を社是とするところが増加していた。昔は多くの企業でサービス第一を社是としていたが、供給者側の論理ではないかとの批判もあり、あくまでも需要者側に立ったものでなければならないと考え、顧客満足度の向上を謳う企業が増えたのである。学校でも同じ論理が働いて不思議はない。教授が研究を深めるために大学があり、学生がいるのではなく、学生のために大学はあるのである。すなわち、教育職員や事務職員のために学校が存在するのではないのは明らかである。それでも、自分の身勝手な都合で休講にして補講もしないのは当たり前と考える大学教員がいた。事務職員を私兵の如く扱ったりする大学文化が蔓延《はびこ》っていたものである。学生・生徒・児童が、毎日学校が楽しく、授業が面白いと充実した日々を送り、保護者はわが子をこの学校に通わせて誇らしく思い満足する。これこそ私立学校のあるべき姿ではないか。

全教職員を一堂に集めて、SPS（Students & Parents Satisfaction：学生生徒満足度）の向上は学園の校是であると宣言した。もちろん、当初は大学教員から反発もあった。休講すれば学生が喜ぶ、これを推奨するのか。たとえ冗談としても、なんとも発想が貧弱で次元が低い。給与明細の裏に校是を印刷して袋に入れて徹底を図ったりもしたが、二、三年もすればSPSの向上という言葉が教職員の間で自然と飛び交うようになった。その後数年して、学生満足度という言葉が私学団体でも力説されるようになったのである。

次にワンストップサービスについても付言する。これはもともと行政が使っていた言葉である。住民が転居する際、役所で転出入の手続きをするのに、転出側と改めて転入側に赴いて手続きする必要があった。大層な手間がかかる。これを一度役所に行けば済むように改められた。今はマイナンバーカードにより処理は至って簡単なようだが、昔はワンストップでも一定の進歩であった。

翻って、大学ではどうか。特に新入生は大学のシステムや環境に不案内で戸惑うことが多い。履修登録、学割申請、留学相談等々初めて経験することばかりである。その都度、これは学務課、それは学生サービス課等々たらい回しにされることが多い。なんと横着なことか。学生の立場に立ってみよ。学生の頃の自分を思い出せ。せめて一時的処置は職員なら誰でもできるようにしようではないか。そのためには業務知識の幅を広げなければならない。これもＳＰＳの向上である。

（4）地域社会との共生と貢献——活気あるエコキャンパスの創造

多国籍や無国籍と言われるグローバル企業がある一方で、地域の発展に貢献する地域密着型の企業もある。前者は概ね大企業に多く、後者は中小企業に多い。とはいえ、東大阪にある中小企業でも宇宙産業に部品を供給しているところもある。大学で言えば、大規模校はほとんどすべてが教員や留学生など多数の外国人を受け入れているとともに、研究分野では産業界との連携にも積極的である。グローバル人材の育成や高度で多様な教育を役割と認識しているのである。しかし、小規模大学になると、地域社会に貢献する人材の育成やそのためのキャリア教育、社会人基礎力の養成を役割と位置付けるところが多い。

「京都」は地方の受験生、とりわけ女子高生には魅力的で、京都市にある大学に進学したいという願望を持つものも少なくない。しかし京都市には国公立大学を除いて26の私立大学があり、受験生は大規模校に集中する傾向が強い。このような環境の中にあって、収容定員一〇〇〇人程度（現在は二〇六三人）の小規模校としては、地域社会との共生をより鮮明にした大学運営に舵を切ることが不可避であった。すなわち、キャリア形成学部（二〇一〇年度）や地域連携推進センター（二〇一三年度）の設置、さらには、より地域性の強い短期大学部に「地域総合科学科」[5]としての適格認定を受けたライフデザイン学科（二〇〇五年度）を創設するとともに、社会人向けの公開講座のほか多様な地域ボランティア活動も行っている。

また、二〇一三年度には環境教育推進室を設置し、環境教育と緑の多いエコキャンパパスの創造にも積極的に取り組んでいる。このようなこともあった。創立60周年記念棟を建設した際、当初設計図には正門脇の数本の桜と欅《けやき》の古木を伐採する計画となっていたが、これを許さなかった。樹木は残して建物位置を後退させたのである。それだけではない。屋上庭園の設置や太陽光発電、さらにはビオトープも順次設置した。なによりも学園創立70周年にあたる二〇一〇年度から始めた光華エコアワード(6)はその象徴である。

(5) 外部諸機構との連携――学校版ホールディングス構想の実現化

近年、大企業の中にはグループ企業が複数ある場合に、傘下の企業の株式だけを保有する「持ち株会社」を設立して、全体の経営をより効率的に行うケースが増えている。これをホールディングスと言うが、情報が集約され効率化が図れるとか、会社を別々に維持しながらグループで集約できるなどのメリットがある。学校法人も乱立傾向にある昨今、建学の精神が近似した法人をまとめてホールディングス化して、大学の同種同系統の学科や専攻を集約し、各大学の特色をより強く打ち出して学生確保にあたれば、無駄な競争を排除し、より大きな成果が期待できるのではないか。

これこそ共存共栄につながるだろう。一つの学校法人に集約する以上、もちろん様々な課題もある。我々の場合、宗門が学校法人を創設し、傘下に複数の大学がぶら下がるとして、各大学教員組織がこの構想を理解できるか。学科単位での離合集散を整理ができるか。卒業生の応援が得られるか。この構想が単に規模の縮小になってはならない。そして、それぞれの大学がさらなる多様性を拡大するものでなければならない。

このほかにも、企業や病院等とのアライアンス（連携）[7]、さらには行政を含めての連携拡大は、これからの私学経営にとって重要なテーマである。

(6) トータルマネジメントの展開——科学的アプローチ

企業ではヒト、モノ、カネ、そして情報の4つのリソースを有効に活用し、経営効率を最大化することをマネジメントという概念で捉えている。イメージを加えて経営の5大資源と言うこともある。シェアの拡大を図る際の企業活動は、まずニーズの有無を確認するための市場調査、新製品の開発、社員向け新製品教育、PR、ディーラー（販売業者）向け販促策の実施、販売活動、アフターケア等々であるが、これらを一体としてトータルマネジメントという。私学経営においても、たとえば学部新設にあたっては、その地域に需要（受験生）が見込めるか、競合校はないか、優秀な教員の確保は可能か、実習施設などを確保できるか、出口（学生の就職先）は十分に見込めるか、等々緻密な検討が必要である。何よりも十分に収容できる施設も必要であり、事務組織もしっかりと対応できなければならない。

また、私学経営には理事会と大学組織とのスムースな連携も不可欠である。理事長がリーダーシップを発揮し、法人全体のガバナンス（統治・管理）が十二分に機能しなければならない。昔は多くの私学の職員は仕事の仕方を知らないと言いっても過言ではなかった。大仰に言えば、彼らの多くは経験と勘（K＆K）を頼りに1年の仕事を繰り返しているに過ぎない。企業の社員との違いに愕然としたのを覚えている。ここで、企業経営における取組みポイントをいくつか確認しておこう。

（i）ＰＤＣＡサイクルを励行し、スピード感をもって仕事を進める
（ii）入るを量りて出ずるを制すに徹する
（iii）スクラップ・アンド・ビルドで持てる資源を効果的に利用する
（iv）アライアンスやアウトソーシング（外部委託）を活用する

(ⅴ) 顧客満足度の向上をはかる
(ⅵ) 良質な人材の確保と育成に努める

いかがであろうか。これらは学校経営にも十分通じる取り組みであるはずだ。しかし、一般的に学校では当たり前ではなかった。私が私学経営に関わりを持った当時、私学の職員にとって、それらは概ね別世界の概念であったと思われる。職員を啓発するには多くの時間がかかる。仕事はスピードと「科学的アプローチ」が必要である。このご時勢、目まぐるしい速さで環境は変化するのに、なんとものんびり構えている。教授会も同罪である。時間の概念がない。不毛の議論を延々として結論を先送りにする。企業では1か月もかからずに結論が出る議案も、教授会なら1年はかかる。それほどのスピード感に差がある。資料作成にも違いがある。物事を説明するのに定性的(物事を数値化できない部分に着目し、とらえること)なお話を並べるだけ。一方は事象を定量的に捉えて分析し、時に付加価値をつけて発信する。これが科学的アプローチであり、学校職員は仕事に取り組む基本姿勢として是非身に付けたい。

2. 経営ビジョンおよび中期計画の策定

(1) 一〇年先を見据えた将来ビジョン

企業と学校を問わず、将来を見通した経営ビジョンを明らかにすることは、社員にせよ教職員にせよ、その組織の一員であり続けることに一定の安心感を持ち、働く意義を強く感じるであろう。経営環境が厳しくなり、将来への不透明感が色濃く浮上するほどに組織全体に落ち着きがなくなり、離脱者を誘発することになりかねない。働き甲斐があるかどうか、それはその組織の将来像が明確にあるかどうかにかかっているといっても過言でない。

私立学校を取り巻く経営環境は、先述の通り、非常に厳しいものがある。少子社会への突入然り、文科省行政の市場主義への転換然り、学校経営にとって負の要因ばかりである。生活者の不景気感からの脱却が進まないのも、一層深刻さを増している。こうした環境変化により、流石《さすが》に経営に鈍感な学校職員も腰が落ち着かなくなるのであろう。将来計画はどのようになっているか、将来ビジョンを示せ、と組合は経営側を突き上げてくる。この様な構図は十分に予想ができた。本学園に着任して直ぐ二〇〇〇年九月に「光華ビジョン21」を自ら策定した。「21」とは、21世紀初頭、すなわち二〇一〇年をターゲットイヤー（目標年）に将来像を示したものである。その内容は

1　ビジョン策定の目的
2　策定の基本的な考え方
3　21世紀初頭の社会環境と学園の状況

を明らかにし、ビジョン「21世紀初頭の学園のあり姿」を述べたものである。そのあり姿としては、次の3項目で構成した。

（i）社会のメガトレンドを敏感に捉えて、教育面でアイデンティティが発揮されている。
（ii）学園の体質改善が進み、経営健全化が図られている。
（iii）地域に開かれた学園として社会的プレゼンス（影響力や存在感）が向上し、活気に満ちた雰囲気に包まれている。

なお、この後続けて、ビジョン実現に向けて取り組むべき諸施策を設置校ごとに明確にし、その前提条件や実施手順も示した。今振り返ればいかにも粗末で貧弱なビジョンであったが、教職員にとっては、何かしら「光華が変わる」との予感と期待を持たせるものとなったのは間違いない。しかし学園を取り巻く環境は予想以上に目まぐるしく変化した。それでもこの理念は変更することなく、後述の中期計画、すなわち五か年計画でその変化を織り込み対応してきた。ビジョンとしては二〇一〇年に「これからの一〇年基本構想－ビジョン2020」を、さらに二〇一九年には「ビジョン2030－Society 5.0 時代を切り拓き、ＳＤＧｓの実現を担う光華教育」を策定し内外に発表した。

(2) 中期計画と予算

このビジョンを受けて、具体的定量的に5か年計画に落とし込むのが中期計画である。これを「ＧＡＩＮ」計画とした。ＧＡＩＮは Growth and Innovation（成長と革新）を示している。ＧＡＩＮはＩからＸまでの一〇年間で、いずれもローリングプラン（毎年の環境変化を考慮して計画を見直し、必要な改訂を行なう方法）である。その後は5か年計画をフィックス（確定）して、「GAIN plus」として続けている。

現在では改正私立学校法により、学校法人は中期的な計画の作成が義務付けられたが、二〇年前は希有のことであった。企業経営的視点に立てば、極めて当然のことが、学校の世界では特異なこととして捉えられる。「計画通りに行くはずがない」、「そんなことに労力を使うのは無駄だ」。当時は恐らくそんな思いでやらされ感が充満していたのかもしれない。時の流れは人の考えを変える。今では当たり前となった。たとえば、この先五年までに校舎の建て替えが必要だから、5か年計画に計上しておかなければという声も上がる。お金には無関心であった管理職は、収支バランスを曲がりなりにも意識して、学生生徒の確保見通しを立てて、この先の人員計画にまで頭を使うようになった。

ところで、このGAIN計画では次の三点についてガイドラインを示し、それぞれの施策の方向性を明確にしている。その一つは奨学費であり、二つ目はICT関連費、そして三つ目が広報費である。いずれも帰属収入に占める割合を設定して、消費支出が水膨れになるのを防ぐこととした。また、資金面でも最終年度における純運用資産額（運用資産－外部負債）を一定額維持するようにした。GAIN計画の基本スタンスは、安心・安全な学びの環境の維持推進と学生生徒等の確保である。そのためには先行投資も不可避となる。

さて、五か年計画を受けて、毎年の事業計画に基づき当該年度の予算を立てるが、ローリングプランとしての五か年計画の初年度事業を詳細にお金の出入りで表したものが予算となる。学園文化・風土の大変革時には、昔を引きずり、予算を作ってからそれに合わせて事業計画を書き上げるという姿も見られた。しかしこれも意外に早く本来のあるべき姿へと変わって行く。

問題は予算管理や収支管理を誰がするかである。適切にできる人材に乏しい。そうなると外部から人材を補強しなければならない。企業経験者である。財務に明るい人材を見つけることだが、大企業でも経理や財務の経験者は層が薄い。どうしても財務経験者は人事異動の機会が少なく、ベテランが根を張り後継者の育成が疎かになって人材不足を生むためである。したがって企業から適任者を迎えるのは一般的には結構難しい。さらに学校と企業のつながりは今までほとんどないに等しい。公募して応募者を待つ。企業ではリストラという名の首切りが横行していたので働き手はいるかもしれないが、誰でもいい訳ではない。それこそ建学の精神をよく理解し、学校という畑違いの職場で、周りの職員と良好なコミュニケーションをとって働けるか。企業で少しでも財務をかじっていたなら、学校会計はすぐに理解できるだろう。しかし適任者を射止めるのはかなり難儀である。手っ取り早く銀行マンを採用するところもあるが、長続きしないケースが見られた。しかし本学園はその点で難儀することはなかった。わたしが以前に在籍していた企業には経営層に太い人脈もあり、また経営マネジメントがわかる人材も比較的豊富で、学園が求める人材を出向者として受け入れることに困難はなかった。

(3) 経営方針の伝達と共有

10年先を見通したビジョンがあり、それを前後5年に分けた中期計画があり、そして毎年度の事業計画がある。企業ではごく当然のことである。その事業計画はトップの経営方針を明確に反映したものでなければならない。学校も同じである。理事長にとって、正月休みは次年度の経営方針を熟慮し構想を組み立てる時間となる筈である。学校だって、経営方針を明らかにし、それに沿って事業計画を立てるのは企業と変わらない。わたしが理事長に就任した当初は、まだそのような学園文化はなかった。経営方針という言葉にさえ違和感を覚える教職員が多くいた。大学教授の一人が、学校だから教育方針と言うべきだと大きな声で主張する。彼に問う。あなたの給与はどこから出ているのか。資金源は何か。言うまでもなく学費収入である。国や自治体からの補助金も法人の収入の一部ではあるが、これはそもそも教育研究に回すべきお金である。収入があって支出を賄う。収入見合いで支出計画が決まる。これこそが経営なのだ。よって経営方針がないとすれば、それはマネジメント不在型の組織で、収支はどんぶり勘定でしかない。

経営方針をどのように構成したかは後述するとして、教職員全員に伝達するまでのプロセスを見てみよう。

一月に入ると、早々に理事長原案を事務局管理職に示して意見を求める。良い案があればこれを反映して経営方針案を作成し校園長会(8)に示す。意見や提案はメールで受けて必要に応じて修正し、メンバーに発信する。学長・校長・園長・事務局長はこの案に基づき、それぞれの運営方針をまとめる。三月の校園長会ではそれぞれそれを発表して意見交換と共有化をはかるとともに、三月下旬に行う理事長からの経営方針伝達に続いて、それぞれが運営方針を説明する。この伝達日には全教職員が出席し、それぞれの方針や課題を共有することにしている。

経営方針は前文と重点実施項目、スローガン、そして各種数値目標で構成している。前文は言うまでもなく理事長の年度方針である。これに十分に時間をかけ、練りに練って心血を注ぐ。これを受けた重点実施項目は大・中・小各項目ともに三つの計二七項目を基本とした。ここに二〇一二年度の大項目と中項目の一例を示そう。

① 満足度を高める質の高い教育の実践
(i) 建学の精神に基づく女子教育の充実と「光華の心」の涵養
(ii) 知的好奇心をそそる面白い授業の展開
(iii) 初中等教育および就学前教育の充実

② 組織体制の再構築
(i) 魅力ある強い学校づくり
(ii) 有機的組織の確立による学園力の強化
(iii) 業務処理能力の向上

③ 経営力・ガバナンスの強化

（ⅰ）実効ある児童生徒学生の募集活動の展開とトータルマネジメントの展開
（ⅱ）帰属収入の拡大とコストミニマムの追求
（ⅲ）地域との共生とエコキャンパスの創造

まず、学校経営の土台となるのは教育であることは言うまでもない。教育の質の向上をいかに図るかが第一の柱になる。設置校別に課題解決を図るための取り組みも示さなければならない。第二の柱は組織力の向上。組織をできるだけシンプルにするとともに、各設置校の連携を緊密にし、組織間の風通しを良くする。すなわち「タテ・ヨコ・ナナメのコミュニケーション」を実践し、情報を共有することが大切である。たとえば、奨学金制度一つとっても、教職融合して議論すればより効果的な施策が生まれるであろう。最後の柱が経営力強化である。「入るを量りて出ずるを制す」道に早道はない。収入をいかに拡大するかは、学生生徒等確保目標の達成次第である。これは私学の生命線であり、どのような確保目標を示すかが大事になってくる。収入の約一割を占める補助金も待ちの姿勢では減少するのみである。競争的資金は取りにいかねばならない。いち早く文科省の当年度予算原案に関する情報を入手し、それをいかに経営方針に反映するか。また、その他の収入の一つに資金運用があるが、これも金融情勢等をタイムリーに把握して、どのようなポートフォリオ（金融資産の組合せ）を形成し、健全な運用を図るかの方向性を示すことである。支出は可能な限り不要不急の冗費を削減しなければならない。したがって、人件費はその抑制方針を、また諸経費については削減に繋がる施策等や削減額の大枠を明らかにする必要がある。

とは言うものの、人件費の抑制はなかなか至難である。大部分を占める給与はボリュウム×単価であるから、これを減らすには教職員の人数を減らすか、一人一人の平均給与額を減らすしかない。たとえば年度末に定年退職者がでる場合、これを補充すべきかどうか。少なくとも現場サイドからは当然のごとく後任補充を要望してくる。それどころか、当初は学部で後任人事を決めてくる始末であった。理事会は追認するしかない。これも旧態依然とした大学文化であった。後任の必要性は理事長が決める。必要と認めれば学部・学科で候補者を決めてもよい。いずれにせよ、大学で最終候補者を絞り込み、理事長が最終面接で合否を決める。こうしたルールを確立して、これに従わせることにした。こうして設置基準を順守しながらも、人員削減を続けた。六五歳定年後の再雇用も、有能で大学に必要な人材のみに限定した。一方事務職員の再雇用は法を順守しつつも限定的な扱いとした。後述するが、人事考課制度をいち早く導入して、職員がやる気をもって仕事に取組み、生産性の向上をはかるよう目指した。人件費にはこの他にも諸手当等があるが、これらも可能な限り圧縮した。また諸経費の削減にあたっては、高額となる物品の購買システムに着目した。購買単価の安くなる大企業と契約を結び、購買代行を依頼し、わずかでも廉価に購入できるよう工夫をしたのである。

経営方針の最後はその年のスローガンで締めくくった。たとえば、「存在価値を高める」、「壁を破る」、「矜持《きょうじ》」などがある。

3. 改革の断行

(1) 3Rの改革

企業は常に改革に取り組んでいる。営業、総務、研究開発などの各部門において、より生産性を高め、業績を上げることに大きなエネルギーを注いでいる。もちろん、その企業を取り巻く環境変化を敏感に察知して、効率的効果的な業務遂行を狙うのである。時に時計の振り子のように体制を戻すこともある。

古代ギリシャ時代（紀元前四世紀頃）の哲学者アリストテレスの言葉に「ペリペティア」というのがある。これは「役割の逆転」と訳されているが、今まで繁栄を支える条件であったものが、客観情勢が変わればマイナスに働くということである。企業はこれまで隆盛を支えてきた要因も、取り巻く環境が変化したと敏感に察知すれば、それを難なく切り捨てる。この英断こそ経営者の力量であろう。

学校を取り巻く環境もここ一〇年近く加速度的に変化している。少子化傾向は四半世紀以上も前から確認できた社会情勢であるが、私学経営者の多くはこの情報をスルーした。安穏として従来型の経営を続けるだけであった。学園に一歩足を踏み入れた時、すぐに理解できた。改革に大鉈《おおなた》を振るうしかないと。「学園に来るのがもう五年早かったら、もっと打つ手はあった筈だし、もう五年遅ければ店じまいの方法だけを考えればよかった」というのはあまりにも無責任な思考であろうか。いずれにせよ、赤字続きでそれが拡大基調にある学園には大改革しかない。

それが「３Ｒの改革」である。三つの改革は構造改革、組織制度改革そして意識改革である。これを、Restructuring、Re-engineering、Remindingで表わし、「3R」とした。以下に説明を加えよう。

①構造改革

一九九九年当時の大学は文学部の1学部だけで構成されていた。構成学科は日本文学科、英米文学科、それにまだ歴史の浅い人間関係学科の3学科で、収容定員は九六〇名であった。短期大学は1学科5専攻で収容定員は一一〇〇名であった。これを見てもわかる通り、受験生の四大志向が始まろうとしている中で、大学の規模があまりにも小さく、逆に短大が膨れている。将来を考えれば、高校からの内部進学を増大させるためにも学部の規模拡大が必要であった。

まず二〇〇二年度に短大の栄養専攻、食生活専攻を募集停止して、大学に新設した人間関係学部（人間関係学科のみ）に入学定員八〇名規模の人間栄養学科（現在の健康栄養学科）をくみ入れた。短大の募集を停止する2専攻の入学定員は一二〇名（大学で六〇名に相当）であったが、大学へはこれを移行できず、新たに八〇名の純増となった。この学部改革は、折からの栄養士法の改正による管理栄養士養成課程の社会的ニーズを捉えたものである。もちろん、この改革は思惑通りとんとん拍子に進んだわけではない。人間関係学部に管理栄養士課程を設置する意図は何か。人間関係学科との学部としての整合性や一貫性はあるかなど、文科省も二つ返事ではない。この点については、当時の学長が説得力のある説明資料を作って提出し何とか了解を得たが、文科省よりもさらに手強いのが厚生労働省だった。管理栄養士養成課程の定員八〇名になかなか首を縦に振らない。何よりも教員審査が厳しかった。厚生労働省の担当者と数回に及ぶやり取りをして、当初の申請を補強し、あるいは一部差し替えて、やっとのことで認可を受けることができたのである。その翌年に大学に社会福祉学科を設置した後、二〇〇六年度に短大の改組、そして二〇一〇年度の大学の学部改組へと進み、現在は女性の社会進出による資格取得志向に応えた健康科学部やこども教育学部、そしてキャリア形成学部の3学部6学科で収容定員二〇六八名、短大は1学科で同二〇〇名となった。このほかに大学院2研究科同三〇名、助産学専攻同五名がある。

本学園は小規模でも総合学園であるので、高校以下の設置校についても構造改革の一部を紹介しておこう。中等教育部門は中高一貫と言いながらも、中途半端な状態が続いていた。学則定員（入学定員）は高校三〇〇名と中学校一〇〇名で、当然、高校からの入学生が多数を占めることになり、一貫校としては不備がある。高校は普通コースと特進コースに分かれてはいたが、中学校は普通コースのみだった。中高に教育内容で目立った特色はない。生徒もいわゆるフツーの生徒で、むしろやんちゃな子が目立った。制服の着こなしや言葉遣いなどからは、その昔、西の学習院を標榜し、お嬢様学校と見做されていた時代からは隔世の感があった。心なしか侘《わび》しさ、寂しさを感じたことを強烈に思い出す。

何から手を付けるべきか。数多ある課題からまず、コースの名称に花の名前を付けることにした。特進はプリムラ、普通はライラックとした。さらに難関大学の受験を目指す生徒はスーパープリムラコースを新設した。大学受験対策として、通塾しなくても十分に学力がつけられるように学習指導センターも開設し、教員も配置した。制服やソックスも一新した。何より、校長を交代させたのも学校風土の変化に追い風となったのである。校長は暫くしてさらに男性から女性に交代させ、併せて伝統文化・礼儀マナー教育を導入したが、これにより先述の通り、校風が一変して大きな教育的成果を得て、光華ブランドにまでなっている。残念ながら、爾来学則定員を充足することはない。しかし、着実に落ち着いた品位のある女子高生が集っているのは嬉しいことである。現状では、学力や品位を問わなければ充足が可能であるとしても、教育機関としては如何なものであろうか。学校規模を縮小してでも、ある程度女性としての品位が滲む生徒を集めたい。川の底ざらいのように集めても責任ある教育はできない。文科省基本調査の基準日（五月一日）が過ぎれば生徒が退学しても拘らない。こんな学校もあると聞くが、何かの思いが透けて見えるのは寂しいことだ。

小学校は、学則では1クラス四〇名で6学年6クラス収容定員二四〇名であった。しかし、実態は1・2学年だけ連続して2クラスの構成で、全8クラスとしている。もちろん、学則に照らして是正が必要である。当該年度は1クラス三〇名前後であったことから、希望者が多く定員通りに絞ることができなかったという言い訳も理解できるが、それなら全学年を1クラス三〇名の2クラスにしようと考えるのが筋である。少人数で担任の目がより行き届くし、何よりもクラス替えができることは、児童にも保護者にもいいことである。そこで、高校の定員を四〇名減じて、その分を小学校に移した。定員を増やしたことにより児童確保の面からは苦戦の連続であるが、教育は各学年とも充実している。小学校は男女共学である。6年生ともなれば男の子は活発で備品や教材の傷みも激しい。とはいえ、児童は毎朝登校時に親鸞童子像に手を合わせる習慣があり、他校の児童に比べれば落ち着いている。伝統文化や礼儀マナー教育が奏功しているのだろう。何年か前に卒業した男子児童の保護者から、光華に通わせたお陰で親思いのいい子に育ち感謝している、と言ってもらったことがあったが、これはこの上ない喜びである。

就学前教育を行う幼稚園は、三年保育制に統一した。当時は二年保育と三年保育が混在していたが、すでに保護者のニーズは三年保育が当たり前だった。満3歳の四月から幼稚園に預けて、共同生活を通じて他人との関わり合い方を学び、生活習慣を身に付けさせたいと願う親が多かったのである。当時の母親の専業主婦率は九割をはるかに超えていた。それまでは園舎や設備の更新は何かと後回しになっていたようだが、理事長であるわたし自ら園長を兼務（二〇〇〇年から五年間）し、ハードとソフト両面の強化を図り、保護者ニーズにも応えた。当然、園児数は定員を上回り続けた。

各学校園を支えるのは事務局組織であるが、ここにも非能率的で無駄があり、仕事にスピード感など全くなかった。言うまでもなく、忍び寄る危機等に神経は向いていない。何よりも驚くのが、この程度の規模の学園に事務局が二つもあることであった。大学事務局と法人事務局。事務局長も二人いた。たとえば、お金にかかわる決済の場合、大学事務局の教務部で起案した案件は局長までの決裁を経て、法人事務局の経理課に回り、順にハンコを押して局長から理事長に上がる。極端に言えば、誰一人その案件に責任を持たないし、内容すら把握できていないという状況であった。直ちに一局制に正した。

②組織制度改革

ここは事務局組織制度から振り返えろう。二局制から一局制への変更は、適切な人事制度を伴ってこそ成果が上がる。役職や資格のあり方を整理するとともに、人事考課制度を新たに導入した。役職は局長以下係長まで7段階。その役職は資格でもある。わずか一〇〇名そこそこの組織でこれだけの役職があれば、当然ヒラ職員は数少ない。大学研究室付きの職員を除けば、ヒラ職員は三人であった。係長まですべてに役職手当てがつく。やっている仕事はほとんどが右から左の定型業務。企業と比較すれば……と言いたくもなる。これでは破局へ一直線だ。直ちに組織のフラット化と人事考課制度を自ら作成し導入した。企業での経験がものを言う。もちろん、人事考課には教員主体の組合も反対を表明する。「あなたが禄を食《は》むこの学園が潰れて、組合だけが残ることはない。あなたたちとそのご家族の将来を考えて、あらゆる改革を皆さんとともに進めるのだ。生き残るために」。後述する人件費の削減反対にも同様のフレーズで突っぱねた。

学園の事務局組織は、一局制への移行とともに部課制からチーム制に変更し、チームマネジャーが、ひとりの担当者に業務が一時的に集中した時には、分掌を超えてチーム内メンバーをその業務に重点配置できるようにした。局長ｰ部長ｰチームマネジャーｰ担当が組織の基本形であり、部次長職や課長補佐職を廃止し意思決定の迅速化を図った。局長は一局制で守備範囲がこれまでよりも随分広くなり、業務に忙殺されることから局長補佐を置き、いずれかの部長を兼務させた。また局長は理事職とした。これまでの係長や課長補佐などは殆どがマネジャーにもなれず、役職手当もなくなる。これも組合の攻めてくるポイントだが、経過処置を講じて終了。

人事考課の導入は慎重を期した。考課者教育を行い、評価のばらつきが出ないように配慮した。これまでは仕事を疎にしていなくても、定期昇給があり、全員に同じ月数の賞与も出していた。これでは、仕事をバリバリ熟《こな》している若者に不満が出るのも当然であろう。新制度では、同じ資格の者でも年収で最大二割の差が出るようなスキーム（体系）とした。また、評価制度は年度初めに立てた各自目標の達成状況を自己評価するとともに、上司による一次・二次考課があり、局長による最終考課は理事長が承認して決まる。高い評価を三〜四年も続ければ昇格の条件が整うことになる。これでマネジャーになれなくても資格が上がり、昇給のチャンスがある。役職と資格の分離である。そのほかにも、書類の決裁基準の整備や多すぎる各種会議の整理等も並行して実施した。

③意識改革

教職員の意識改革は他の二つの改革に比して極端に難しい。人の心の内に入り込んで、動かそうとするのだからである。ただ単にメッセージを発してもなかなか心の内に届かない。まずはしっかりと現状認識をして、危機感を共有しなければならない。教職員の大半は現実に迫る私学の経営危機を他人事のように捉えている始末である。これほど情けないことはない。もし経営に行き詰っても、誰かが何とかしてくれるに違いない。文科省とか、東本願寺とか、宗門の学校法人とか。そのような認識でしかない。教職員組合と懇談しても、この感覚に大きな違いはなかった。

このような状況を踏まえ、今何をなすべきか。まず、全教職員に自らの思いや考え方、そしてこの学園をどうしたいのかを伝えること、学園を取り巻く社会情勢と学園が直面している厳しい状況を理解してもらうことであった。もっと、もっと現実から目を逸らさず、直視して危機意識を持ってほしい。そこで、全教職員を一〇人前後の少人数のグループに分け、懇談をすることとした。恣意的なグルーピングを避けて、誕生月ごとに集まってもらう。大学教員、短大教員、中高教員、そして事務局職員にそれぞれ誕生月単位で分け、毎月四回開き、一年かけた。小学校と幼稚園はまとめて各一回開いた。冒頭理事長から学園を取り巻く経営環境と今後の取り組み等について話をした後、一人ずつ各自の仕事の取組み状況と将来に向けての心構えを紹介してもらい、さらに質問・意見表明など自由懇談とした。

全グループとの懇談で必ず最後に話したことがある。「茹《ゆ》でガエル」の法則だ。知っている方も多いと思うが、こんな話である。「2匹のカエルを池から捕ってくる。1匹を普通の水をはった鍋に入れておくとそのまま生存するが、火をつけて緩やかに昇温させると水温の上昇を知覚できずに死んでしまう。もう1匹はお湯をはった鍋に入れるが、すぐさま飛び出してしまう」。教職員に言った。あなたたちは前者のカエルと同じである。漸次環境が変化して、危機が迫っているのにのほほんとしている。近いうちに死を待つことになるだろう。私は後者のカエルと一緒で、学校に足を踏み入れた途端、危機を感じた。もっと危機意識を持ってほしい。座して死を待つか、少々痛みを覚えても改革を始めるか、その選択の時である」と。真剣に参加した人たちには、流石《さすが》に応えたようであった。

懇談の機会を持ったのは教職員だけではない。四つの保護者会（幼稚園、小学校、中学・高校、大学含む学園全体の各本部役員数名）との懇談をはじめ、学生会や生徒会の代表、さらには大学卒業生にも何人か個別に、可能な日時を調整して学園に来てもらい懇談した。反応はまちまちであるが、特に保護者や働く卒業生には企業的視点で考えることに多くの賛同があった。

当時のスローガンは「光華が変わる、私が変える、私も変わる」とした。教職員の誰もが、傍観者的なスタンスで構えるのではなく、自主的主体的にコミットするよう指導した。自らも改革に参画していることを強く意識させるために、「改善提案制度」を創設した。「どんな小さいことでもいい。経費節減につながるムダ・ムラ・ムリを排除することでも、SPSの向上に寄与することでも、職場環境が改善できることでも、新生光華を皆で作ろう」。こんな言葉で呼びかけた。もちろん直ぐにいい答えが期待できるわけではないが、徐々に風土は変わっていった。

併せて、意識改革に必要なのは情報の即時共有である。なんと当時教職員への情報伝達方法は掲示板であった。当時としてはかなり先進的な情報教育センターも設置されていたが、たとえばパソコンも教育用が主であり、事務局には部署単位にしかなく、ほとんどLAN設備も整備されていない状態であった。事務職員にも一人1台のPC配備と各館のLAN設備の整備を急ぐこととした。

(2) ガバナンス改革

①理事会機能の強化

企業にとって取締役会がそうであるように、学校法人にとって理事会は最高の決議機関である。理事会が機能不全に陥ると何も決められないし、大学の事案なら教授会に振り回され、形式的な追認で終わる。学園経営にとって、進むべき方向性の決断に躊躇《ちゅうちょ》している時間など許される状況にはない。学園改革のための取り組みにはスピーディな審議と結論が求められているが、わたしが学園に奉職した当時の理事会は殆ど形骸的であった。主に予算と決算そして補正予算を審議承認するため、原則として年に3回しか開催されていなかった。この他にも、授業料や学部・学科新設構想など様々な事案がある。年3回ではタイムリーな対応など望めない。そこで、九名の理事の過半数である五名の理事（内部四名、外部一名）による常任理事会を設置し、毎月開催することとした。その後、寄付行為を改訂して、理事定員を一名増員して一〇名にしたが、この増員枠は外部理事（地元新聞社前社長）にあて、外部の目で見た、より客観的な意見を経営に反映するようにした。（常任理事会は六名の理事で構成）なお、常任理事会にも必ず二名の監事は出席することとした。また、重要案件については、承認後もその議案を臨時理事会ないし直近の本理事会で、全理事に確認を取っている。常任理事会の議事録は全理事に配布している。

理事会資料も改善した。まず、各議案には必ず何を審議してほしいのか、そのポイントは何か等を記載した付議書を添付する。資料はできるだけ分かり易く、パワーポイント等を駆使し、図やグラフを用いて視覚に訴えるものとする。説明は起案部署の長が行い、時間は原則15分以内（予算等は20～30分程度）とする。これは審議に時間を十分とるためである。企業に在籍中、常務会の事務局を経験したことが大いに参考になった。なお、予算や決算に関する議案は、冒頭必ず概要を理事長自ら説明することと、および質疑には理事長が応えることを基本としたが、これは経営責任者として当然であろう。なお、議事録は1週間以内に纏めるように指示をしたが、相当の時間がかかった。その概要を教職員にもメール配信し共有化をはかったのは言うまでもない。

また、常任理事会は審議の場だけではなく、さまざまな報告を受ける機会でもある。たとえば、各設置校の入学者数と次年度募集対策や各種国家試験の結果と次年度対策等について、校園長や部長職から様々な分析も用いて分かり易く説明させ、質疑応答に時間を取っている。

②学長権限の強化

学校法人によっては、理事長が学長を兼務しているところも多く見られるが、本学園でも一時期、理事長が学長を含めてすべての設置校の長を兼務していたことがある。いわゆるオーナー経営だからこその形であった。しかし近年は、理事長が兼務する形はとっていない。ところが、わたしが本学園に赴任する以前のある時期、理事長と学長の意思疎通がうまくいかなかったことがあった。言うまでもなく、これでは学園としての意思決定が遅れるし、何よりも組織としての求心力は低下し、構成員のモチベーションも上がらない。理事長と学長は心を一つにして、この難局を乗り越えるための改革に取り組む必要がある。

まず、学長の決め方だ。学長選考規程はあるが、教員の投票によって決まる。こんな仕組みでは理事長の意思など斟酌《しんしゃく》されるはずもない。選考規程を改訂するしかない。

選考委員会を設置しその構成を大学教員と理事者同数にして、委員長は教員側から出す。学長は最終的には理事会で決定する内容とした。要は、理事長の思いを十分に反映する形をとったのである。小規模大学では当然の仕組みであろう。これだけではない。副学長を新たに設け、それとともに学部長や学科長も学長が指名することとした。もちろん、各学部の教員の意見を聴取することを条件としているが。こうして理事会と教員側が協調して、課題解決に向き合うこととなった。

③大学の効率的な意思決定

大学の意思決定を教授会に委ねていては何も決まらない、とは言わないまでも、時間がかかりすぎる。企業では議論を尽くして1か月もあれば意思決定できる案件も、大学では1年かかっても結論が出ないこともある。なんとも悠長な話だ。自分の主張を性懲りもなく続ける。結論を急がねばとの思いは皆無に近い状態である。企業人から見れば、不毛の無駄な議論ばかり。大学に関する施策は誰が議論して決めるのか。これが次なるテーマである。そもそも人事や経営の領域まで教授会がコミットする必要はない。結論を急げば、教授会の権限を縮小し、原則として決定事項の報告の場とする。教授会に代わって、大学の意思決定は学長が主宰する大学運営会議とした。メンバーには事務局長や数名の部長職、そして理事長が兼務する学園長（数年後の規程改訂でメンバーから外す）を入れた。今でこそ学校教育法の改正（二〇一五年四月）により、教授会の役割が「教育研究に関する事項について審議し、学長の求めに応じて意見を述べることができる」と限定化されたが、本学ではそれよりも数年早くその体制をとってきた。これにより、スムースな議論と意思決定が可能となったのは言うまでもない。

④学園長機能の強化

これまでにも学園長は置かれていたが、名誉職的な立場で主導的に機能することはなかった。学園長規程はあったが、「置くことができる」という表現に止まっていた。理事長は経営のトップであり、学園長は教学のトップであるとすれば、当然それなりの役割を果たさなければならない。たとえこの二つを兼務していたとしても、である。各設置校園の長による会議を主宰するのは理事長でなく学園長であるべきだと考えた。毎月定例の校園長会を開催し、原則として教学面での学園全体の取り組むべき課題について議論した。たとえば、内部進学の推進策を議論したり、オープンキャンパスの各設置校同時開催について検討したりもする。学園全体の「あいさつ運動」もテーマに取り上げた。先述の大学運営会議をスタートするにあたって、学園長の顔が見えるほうが早く纏まるという判断も作用したように思う。

このほか、事務局のマネジャー以上の管理職による会議（毎月第二水曜日に開催：二水会）と管理職の部長以上による経営企画会議（原則月一回開催）は理事長が主宰した。二水会は理事長からの管理職への訓話と管理職から理事長への主な業務報告であり、経営企画会議は、予算をはじめ授業料の改定など各部署提案の主要な施策を事務局案として最終的に詰めをする場である。成案は常任理事会等へ上程することになる。

⑤企画力と情報発信力

企業では、企画力の有無が業績の浮沈を左右する大きな要因となる。経営環境が厳しくなればなるほどに戦略的企画力がものを言う。学校法人と言えども、経営環境が厳しさを増す中にあって、強靭な経営力・企画力がなければ市場からの退却を余儀なくされるだろう。中期計画の策定にあたっても、トップの理念や方針を理解し、これを具体的な施策に落とし込んで、全組織を挙げて実現していくことが肝要である。これまでの学校組織においては、企画部門はあまり見られない。ルーティンの仕事が殆どである。今日、明日の仕事はあっても、明後日、明明後日を向いた仕事などする人はほぼないに等しい状態であった。加えて、速やかに外部に情報発信する部署など全くない。広報部門の設置も急がねばならない。まさにターゲット別の戦略広報である。さらにイメージ戦略も重要である。

企業でもイメージはヒト・モノ・カネ・情報に次ぐ五番目の経営資源の一つと位置付けているところもある。とりわけ、女子学園では好感度イメージが受験志願を左右する大きな要素になるのである。

わたしが企業から移ってきた当時、本学園には企画部門や広報部門などある筈もなかった。そこで、事務局に企画広報部を立ち上げ、自ら部長を兼務した。専任の担当者は1名がやっと置けるだけだった。情報収集やニュースリリース（情報発表）の書き方から始めた。出身企業からの出向者を受け入れ、企画・広報の強化に取り組んだのだが、まさにゼロからのスタートであった。二〜三年もすれば、独立した組織として中期計画や事業計画を担当できるまでになった。広報と言えば、新聞やテレビという媒体を使った広告がすぐ頭をよぎるが、お金もかかりコストパフォーマンスを考えると実施は難しい。それでもエイジェント（代理店）との交渉で金額が手の届くところまでになり、主要新聞に「全15段」の広告を打ったり、テレビCMの放映をしたこともある。一〇年前には看護学科開設にあたって、本学園に新聞記者を集めて記者発表を行ったが、資料作成からQ＆Aの準備まで企画広報部がイニシアティブをとることができた。とはいえ、まだまだ不十分である。原局からの情報にいかに付加価値をつけて、受け手にとって魅力ある情報に加工するか、これが広報部門の最大の腕の見せ所であろう。

⑥広聴活動とファンづくり

広義の広報活動には広聴も含まれる。特にエンドユーザー（末端消費者）を対象にモノやサービスを提供している企業では、商品PRとともにモニターからの意見聴取等、広聴活動にも力を入れている。学校においても、一般的なイメージ調査のほか、いわゆるモニターを集めて、特化したテーマごとに意見を聞くことが必要ではないかと考え、すぐさま実践した。保護者や卒業生、そして彼女らの友人等数名に集まってもらい、情報発信ツールである印刷物等あらゆる情報を提供し、「光華」という二文字を様々な媒体から見聞きした時の印象等を報告してもらった。もちろん改善策にも耳を傾けた。

一方、教育活動については二〇〇二年四月に「大学外部評価委員会」を立ち上げ、外の目で見た学園の諸課題について諮問して、半年後に答申を得た。メンバーや会議内容、評価項目等については以下のとおりである。

（i）メンバー：委員長（ノートルダム女子大学学長）
副委員長（京都大学高等教育教授システム開発センター長）
委員（大阪ガス常務取締役）

委員（滋賀大学経済学部助教授）
委員（京都市会議員・本学園卒業生）
委員（京都新聞社論説委員）
委員（本学園元中高校長）
（ii）主な内容：学長、学部長、研究所長、事務局長からの現状と課題の説明
質疑応答、施設見学、委員からの意見及び指摘
（iii）評価項目：環境変化（企業が求める人材の変化、学力低下の進行、他）
私大経営の留意点（経営戦略立案能力の強化、効率的経営、他）
教員評価システムの導入　等

二回程度会議を持った後、委員長からの答申をもらったが、なかなか厳しい意見もあった。初めてのことでもあり、答申書の表現に手加減もあったと思われる。

持続的に光華を支え続けるファンづくりも必要である。光華愛があるからこそ辛辣な意見も遠慮なく言えるものだ。そこで二〇〇一年に「参与会」を立ち上げた。同窓会や保護者会の元会長、退任した元校園長や事務局トップなどから一六名を人選し学

園参与を委嘱、年一～二回開催することにした。第一回目には「光華ビジョン21」を説明したが、以降は毎年、事業計画や決算データ等も提供して幅広く意見を聞くこととした。もちろん、辛辣な意見もあるが、全員が光華愛を持った応援団である。ここでも情報発信力に課題があることを思い知らされる。

⑦コンプライアンス強化と内部監査

企業コンプライアンスという言葉がある。法律はもちろん、自ら決めた内規も含めてルールを守って活動することであるが、このルールには社会的規範も含まれる。近年さまざまな企業のトップが頭を下げてお詫びしている映像もよく見かけるが、これは企業だけでない。学校法人のトップが深々と頭を下げている光景も見ることがある。学校法人にも当然遵守すべき法律があり、社会的規範がある。法人の役員は率先してルールの遵守を頭に置いている。小さな学校は、一つ法令等に違反してしまうと取り返しのつかないダメージを受けることになる。監事は常に経営活動に限らず教育活動についても目を光らせているものだが、なかなか及ばないこともあるだろう。そこで、内部監査室を設置して、財務面を中心に監査活動を進めることにした。年間の監査計画を立て実践している。たとえば、教員を対象に科研費についても手続きに落ち度がないかどうかをチェックする。このほか、監事や公認会計士との三様監査も年間何度か実施する。年を追うごとに活動は充実しているが、残念ながら、なかなか専任の担当者を置くところまでいかないのが実態である。文科省はかねてから監事の常勤化を提唱している。これも小規模法人では難しいが、最近やっと実現の運びとなった。

(3) 収支構造改革

学校法人といえども、これを経営するからには収入はより大きく、支出はより小さく抑えるように取り組まなければならない。もちろん、企業のように利潤追求が命題ではないが、収支差額の黒字化で手持ちの運用資産の拡大に努め、これを安心安全な学びの環境整備のための投資等に備えるためである。たとえば、校舎が建築基準法の改正以前の建築物なら、建て替えか耐震補強も必要になるが、これにはかなりまとまった資金が必要となる。耐震補強の場合も国の補助金があるとはいえ、補強対象となる工事費の二分の一（高校以下は三分の一）でしかない。改修工事等を同時に施工すればさらに必要な自己資金が膨らむ。したがって、五か年計画などで将来を見通した収支計画を立てることになるが、あくまでも「入るを量りて出ずるを制す」が基本スタンス（姿勢）となる。

①入るを量る――収入源の開拓

一般的な企業は日々の営業活動によって収入は決まるが、学校法人は四月に新入生が入学してきた時に概ねその年の収入が見えてくる。授業料等の学費収入が全体の七五％を超えることを思えば、学校法人は最低限学生生徒等の定員確保が重要であることになる。従って、当然学生・生徒募集部門には職員を傾斜配置して戦力強化を図る。高校訪問という代表的な営業活動があるが、これには教員の力も必要だ。まさに企業で言う全社員セールスである。訪問時の営業ツールにも配慮が必要なのは言うまでもない。二～三年前に当該高校から入学してくれた学生の近況などは、重要情報である。高校別入学者数に関する過去のデータを分析し、企業で言う上得意客や得意客ごとのアプローチが必要であろう。訪問者は様々なデータを頭に叩き込んでおかねばならない。オープンキャンパスにも力を入れた。来場者（高校生等）が一番知りたいことや見たいことなどを示せないなど、目的が果たせなくては意味がない。彼女たちに満足して帰ってもらうことが大切である。情報提供のスマートさも必要だ。やはり学生（高校では生徒）が案内と説明を担当することも来場者には近親感があって評判もいい。ただ、オープンキャンパス来場者が必ずしも志願してくれるわけではない。志願・受験に繋ぐ工夫も必要であろう。

ところで、この他の収入源はどうなっているのだろうか。

（i）補助金の貪欲な獲得

本学園の補助金収入は、国庫補助金と地方公共団体補助金あわせて全収入の約一八％を占めている。しかし、これは高校以下の設置校に対する補助金収入（補助金全体の六割）のウエイトが高いためで、大学部門（大学・短大）だけでこれを見れば一〇％程度に過ぎない。それでも本学園に着任した当初の大学部門の帰属収入に占める補助金収入の割合が七％に届くかどうかという水準でしかなかったから、積極的に補助金の獲得に努めてきたことが示されていると言えよう。補助金には学生数や教員数等が多いほど大きい経常費補助金のほかに特別補助金があるが、これは教育の質の向上や教育方法の改善など施策を伴うものであり、積極的に取り組まなければ獲得できない。補助金はいわゆる競争的資金であり、耳目を研ぎ澄まし獲物を仕留めるハンターのごとく狙いを定めて果敢に獲りに行くのである。常に文科省の方針や施策に注目し、手の届く範囲のものには全学挙げて獲得するという体制づくりが必要であろう。加えて、文科省が提示する施策に対する大学独自の特色ある取り組みについて補助金を申請するのだが、既定のフォーマットに、限られた文字数で審査員に印象よく評価してもらえるように、きちんと纏《まと》めるのは難しい。教員は学術論文を書くのに長けていても、お役所に申請するこのような文章の書き方には概して向いていないことが多い。昔企業に在籍した頃、通産省に補助金申請をしたことがあるが、やはり申請書の文章表現にはこつがあった。文科省も同じだと思う。過去に採択された大学に教わることも必要だ。

ところで、国の予算編成にあたって文科省が財務省にどのような施策を概算要求しているのかといった情報は貴重である。たとえば、ＡＩ関連予算がある。これは文科省のみならず、各省庁に関わるテーマだが、教育改革関連だけでもＧＩＧＡ（Global and Innovation Gateway for All）スクールネットワーク構想など、様々な施策が予算化されるはずである。特に補正予算では、地震対策やブロック塀対策などの施策が組み込まれてきた実績がある。ロビー活動ではないが、情報収集活動は大変重要となる。理事長をはじめ私学経営者は様々なアンテナを巡らし、こうした情報をできるだけ速やかにキャッチすることが責務であると思う。東京に本社を置かない多くの大企業は、必ず東京に支社を置き、経済産業省や関係省庁に情報収集活動を行っているが、これも予算編成を通じて国の進路を見極め、自社の事業に生かすためであるのは言うまでもない。

(ii) 分散投資による利息収入の拡大

なけなしの資産をどのように運用すれば、雪だるまのように大きく増えていくのか、誰もが知りたいところである。昨今の低金利時代には、銀行に預けるだけで管理料を取られるのだから、たんす預金が一番いいという人もいるが、事業家にとってはそうはいかない。少しでも益が出る運用方法を必死に考える。遊ばせる金は絶対にない。時にはハイリターンを求めてやけどをする企業もある。しかし、学校法人はハイリスクを伴う投資は絶対にしない。一般的には株式は敬遠するのが常套である。本学園も同様であった。二〇〇一年当時はほとんどの金融資産を定期預金か金銭信託に預けていたが、それでも金利がまだ高く、利息収入もそれなりにあり、利回りは〇・五％程度であった。そこで、少しでも利回りを上げようと、一〇年は眠らしていても毎年の経営に影響はない資金の運用を考えた。そもそもローリスク・ハイリターンなど期待するほうが間違いである。そこで、少しでも伝手《つて》のある証券会社や銀行などを呼び、商品の提案をさせた。相手からカモがやってきたと思われたかもしれないが、こちらもそれなりに勉強した。前職企業の財務に明るい友人や証券会社に勤める甥っ子などから情報を得ていた。相手に、大人が子どもをねじ伏せるようにはいかないぞ、と思わさなければならない。資産運用規定も作成した。少々の冒険でもあったが、トリプルAの円建て仕組債の購入を決めた。タイミングよく為替レートが円安に大きく振れて、発行元からの早期償還があったこともあり、利息収入は順調に拡大した。しかし、すべてが順調にいくものばかりではなく、円高に振れて利息ゼロという商品も出た。かなり頭を悩ます局面もあったが、アベノミクスに助けられ利息が復活したものもある。国債のようにローリスクの運用が鉄則だが、証券会社にできるだけクーポンレート（表面利率）の出る商品を提案させるのが良い。また、債券や仕組債などを織り交ぜた分散投資によるポートフォリオ（運用商品の詳細な組み合わせ）を重視する必要があるだろう。一時一・三％近くあった利回りも、残念ながら現在は低金利の影響で一％にも程遠い状態である。

（iii）受配者指定寄付金制度の活用

昔、米国ウィスコンシン州にある交流協定校を訪問したことがある。理事長は不在で、学長等と大学経営等について懇談した際、「理事長は今日も寄付金集めに東奔西走している、理事長の最大の仕事は寄付金集め」と学長から聞いたことがある。いろいろ話を聞いてみると、やはり米国とは税制も含めていわゆる寄付文化が違うことを実感する。わが国でも「受配者指定寄付金制度」という税法上の優遇措置がある。日本私立学校振興・共済事業団が取り扱う本制度は、私立学校の教育研究の発展に寄与するため、当事業団が企業等法人から寄付金を受け入れ、これを寄付者が指定する学校法人に配付するというものであるが、寄付金の全額を損金として算入することが認められるというもので、企業等の法人にとってはそれがメリットでもある。しかし、折角損金算入ができる制度があっても学校への寄付は伸びない。企業に在籍していた時の経験から言っても、寄付の要請はあちこちからあったが、そう易々と応じられなかった。寄付要請に応じるべきかどうかの判断には、関西を牽引する企業各社の動向を見て判断するなど、横並び意識が強く働いたものである。

一般的な判断としては、お付き合いでという場合もあるが、取引先からの場合は、寄付がその後の受注につながることを期待して要請に応じる、というのはよくあることである。そこで、学園としていかに関係先にアプローチすれば効果的かを考えた。まず取引先を年間支払額でグルーピングし、目標額を設定して、当該企業が年度予算を組む前に寄付要請をしておき、年度が変わってから訪問し寄付を改めてお願いする。ヒット率は低いものの、応諾してくれる取引先は一定数ある。周年記念として校舎等を建設する場合は、設計事務所やゼネコンさらには金融機関からは大口の寄付も期待できるだろう。当然、理事長自らも大口の取引業者に寄付をお願いに行ったが、とりあえず一度は顔を立ててくれるものの、なかなか後が続かない。経営者心理としては、法人税に持っていかれるくらいなら、どこかに寄付をして損金計上した方が有益だ、と考えるものだ。その対象が大学であり、教育研究であればいい。受配者指定寄付金制度の存在そのものが一般的にはまだまだ浸透していないのが実態である。それならこの制度をすべてのステークホルダー（利害関係者）にＰＲして、寄付金の拡大につなげていきたいものだ。

　ところで、寄付金の事業収入に占める割合は学校法人の平均で一・二％であるが、(9) 女子学園は一般的にかなり低くて一％にも満たないのが実情である。卒業生には多額の寄付を期待したいが、社会で活躍する女性はまだまだ少なく、家庭人であることの方が圧倒的に多い。このため、母校に寄付をするにも多額になると自己の判断ではできないという事情がある。周年事業にかかる募金の依頼であって、多くを期待できないのが通常である。従って浄財は多額でなくてもよい。いかに多くの口数を集めるかが課題となる。常時寄付を集めやすくするためには、ホームページから容易に寄付が出来るようにシステムを改善することも必要だ。また近年はクラウドファンディング（不特定多数の人がインターネット経由で他の人々や組織に財源の提供や協力などを行うこと）を活用する方法もある。中小企業でも、寄付型クラウドファンディングを活用して新規事業の資金調達に成功している事例が数多くあることはよく知られているが、大学の場合も、支援者が共感を覚えて寄付行動につなげるテーマを見つければ効果的な活用が可能であろう。ただし、これも事業内容や目標額等を一度設定すれば、あとは簡単に金が集まってくるものではなく、常時ネットにアップした情報のメンテナンスが必要で、手間がかかる。また弱小私学にとっては、思わぬマイナスイメージを招きかねない。実施にあたっては、慎重に検討を重ねなければならない。

(ⅳ) 遊休資産の積極的貸出し

お金になるものは何でも考える。そのような貪欲さが学校には皆無であった。沢山の資産があるのに、遊ばせていて稼働率が低い。学校だから仕方ないと思うなかれ。休日はもとより、放課後や夏休み等は、教室も体育館もグラウンドもガラーンとしている。これらはIdle asset（遊休資産）である。利用したいという需要はきっと掘り起こせる。貸し出さない手はない。大きなお金にならなくてもいい。地元でこうした施設を必要としている企業や団体は必ずあるし、そこに利用してもらえば地域貢献にもなる。面倒だ、手間がかかる、休日は誰かが出勤しないとだめ。職員はいろいろ御託を並べてやりたがらなかった。わずかでも収入を積み上げることが自分たちの給与にも影響してくるのだ、と分かってもらうことから始まる。現在では当然のこととして施設貸出業務が分掌に組み込まれている。その貸し出し先は、一般教室の場合は塾や検定協会など、体育館は体操クラブやバレーボール教室など、講堂は地元の公立中学校、そしてキャンパスから離れたところにあるグラウンドは少年野球チームなど多岐にわたる。貸出件数はまだ年間一〇〇件程度で、収入は一〇〇〇万円程度に過ぎないが、施設は遊ばせていてはお金にならない。しかし、貸し出すことで収入が得られることを職員が学んだことに価値があるのだと思う。

②出ずるを制す――支出構造改革――

本来支出は、収入見合いで予算を組まなければならない。収入が決まって、収支差額がプラスで確保できる範囲で支出計画を立てる。これが基本である。しかし、思惑通りに収入が期待できなければ、当然支出は削減しなければならない。コスト削減に聖域はない。

(i)人件費の縮小

経営指標の一つである人件費比率を見ると、大規模学校法人では四〇%台というところも多いが、小規模法人になれば五〇%台の維持もなかなか困難である。コスト削減を図ろうとしても、確かに人件費にはなかなか大鉈《おおなた》は振るえないかもしれない。しかし、学校法人の事業活動支出の六割近くは人件費であり、(9) ここを切り込まずには支出の削減に限界がある。人件費の抑制策で影響の大きいのは教職員の給与削減であるが、これには教職員数を減らすか一人当たりの平均給与額を下げるしかない。

先にも述べたが、まず、人数を減らすには設置基準に基づく必要数を念頭に、数年のスパン（期間）で人員計画を立て、余剰があるなら退職者が出た際の後任補充を原則認めないことである。学科によっては、看護学科のように設置基準通りの人数では十分な教育ができないこともあるが、そこは理事長が教員数をいくらにするか判断すればよい。従って、どのようなケースも基準通りの人数でいいかと言えばそうではない。「リダンダンシー」という言葉がある。たまに、リストラ対象の余剰人員と訳されることもあるが、ここでは「戦略的な余裕人員」と考えてほしい。経営者として将来を考え、どこかに余裕人員を持っておくことも必要である。特に多いのが、女性の結婚などによる突然の退職である。学級担任を持っていたりすると、対応にあたふたしないでもない。

次に、非常勤講師の削減である。人数削減の指示は教学サイドから難色を示されるので、兼務教員人件費の一定額の減額について管理職を通じて指示し、結果的に人数削減を実現する。なお、企業でも採用していた早期退職優遇制度を学校で採用するのは難しい。教員の場合、後任補充が必要となるケースが殆どである。職員の場合は、条件設定にもよるが、有能で残ってほしい人ほど、この制度に応募する。有能なので新たな仕事が容易に見つかるからであろう。一方、戦力外の人は概ね組織にしがみ付く。これでは何のための制度かわからない。数の削減策は限定的だが、単価削減はいろいろな施策が考えられるだろう。その幾つかを以下に羅列する。

○ベースアップの見送りや定期昇給の一時的凍結
○管理職手当や役職手当の削減
○通勤手当の支給方法の見直し（定期券代支給：一か月単位→六か月単位）
○期末手当の漸次削減、等

いずれにせよ、人件費の削減には人件費比率の目標を設定し、全教職員に理解を求め時間をかけて取り組む必要がある。たとえば、期末手当の削減を実施するにも一挙に大きく削減する形で取り組むべきではない。教職員の生活への影響も配慮したい。

(ii) 諸経費の圧縮

教育研究経費については、大学、短大教員の個人研究費がターゲットになるが、それぞれの研究活動に十分生かされているかどうかを判断しなければならない。アウトプットが何年も報告されていなければ問題がある。教員に研究業績がなければ、税務監査で個人研究費が所得とみなされ、課税対象となるが仕方がない。もちろん、教員の研究分野によっても違うが、物品購入の領収書を見れば、その研究活動に必要か疑問が湧いてくることもないではない。したがって、一律定額支給は効果的ではない。トータルとして削減にならなくてもよい。研究に熱心に取り組み成果を上げる研究者に、より多く配分される制度に改めるべきであろう。本学園（大学・短大）では、縮小した全員への一定額と研究実績に応じた配分額に分けることにした。残念ながら、結果的にはトータル額は僅かに減少したに過ぎない。なお、個人研究費の増額は科研費申請を条件にするなど、研究活動の活性化にも積極的に取り組むことが大切である。

図書費については無駄なところが目立つ。購入手続きを煩雑化しない程度にルール化しなければ、個人個人が勝手に購入してしまいかねない。外国の図書購入は特に金がかかる。間接経費が多額になるのが目に付く。直接購入等の上手な方法を考えなければならない。総じて金額に一定枠を設け、各学科にその範囲内で購入させることも考えたい。

管理経費についてはあまりにも範囲が広く削減目標を決めにくいが、まずガスと電力は一社にまとめて購入するのがよい。二社から見積もりをとると、結構差があるものである。光熱水費全般にわたっては、しっかりと細かなデータを取り、分析して削減方法を見出すことが必要だ。クールビズやウォームビズで各部屋の温度設定を明確にすることにより、ガスや電力の使用量の削減になる。消灯の徹底なども含めて、全学を上げた取り組みが成果をもたらすであろう。紙代も結構ばかにならない。何よりも会議のペーパーパーレス化で、資料等の大幅な削減が可能となる。さらに、不要となった資料は原則裏紙をメモ用紙等に使用する。当たり前のことの徹底が経費節減につながるのである。

購買方法の改善も必要だ。金額の張る大きな買い物は、必ず相見積もりを取るのを原則としよう。A社とB社でこんなにも差があるのかと驚かされることもある。購入先も過去からの柵《しがらみ》を断ち切る勇気が必要だ。これらはすべて、今や企業では当たり前。これまで学校は、企業から見ればおいしいお客さんであったが、厳しいお客になろう。

先述したが、もし可能なら大企業と組んで、購買代行を依頼するのも削減効果を得る方法である。手数料を支払っても安く上がることが期待できるだろう。

次に、建物の営繕や新築の工事費について触れておく。これはほとんどの場合が設計事務所なり、ゼネコンを相手に交渉することになるので、かなり専門的な知識がなければ対等に話し合えない。しかし、ゼネコンから転職してくる人材の確保などは極めて難しい。わたしはたまたま前職でゼネコンや建築設計事務所とのお付き合いがあったこともあり、この人的ネットワークをうまく使えたのが大いにプラスになった。学園の60周年および70周年に記念棟を二度建設したが、入札や相見積もりなどを駆使すれば、折衝次第で建設コストは圧縮できる。幸いにもゼネコン出身の人材を専任職員に確保できたので、日常的な営繕工事は彼が小回りのきく工務店等を上手に使ってコスト削減ができた。空調設備や電気設備なども人的ネットワークを最大限利用して、コストの抑制に努めた。学園経営トップが異業種のトップと上手に人的関係を構築しておくのも無駄ではない。

校舎を1棟新築すれば、規模にもよるが少なくとも十数億円は掛かる。この建築資金をどのように手当てするのかも問題である。自己資金か、借入金か。自己資金の場合、2号基本金への組入れ額や純金融資産に余裕があるかもチェックしなければならない。大抵の場合は借入資金で賄うことになる。当然支払金利が大きなポイントであるが、借入先も私学共済事業団のほか、都市銀行か地方銀行かあるいは信用金庫か、選択肢はいろいろある。もちろん金利の安いところを選択するのだが、最近は都市銀行も担保や保証人がなくても貸してくれるので、後は金利次第だ。運転資金の預入先を無条件に選択すべきではない。交渉次第で借入金利を下げてくれることもある。一行に限定せず、少々の金利差があっても二行選ぶのがよい。市中金利が低下したときに、借り換えを条件に競争させ、利息支払額を随分縮小できたことがある。要は粘り強い交渉がものを言う。

最後に、わたしが理事長に就任して以降一〇年ほどの間の、本学園の経費節減の取り組みを振り返ると、上記の様々な施策の実施により、二〇億円を遥かに超える額の資金の外部流失を抑制できた。もちろん、その後も引き続き、木目細かくコスト削減に取り組んでいる。

(4)壁を破る総合力の発揮

「一人の百歩より百人の一歩」という言葉がある。改革の断行には、学園の現状とそれを取り巻く環境の目まぐるしい変化を認識し、危機意識をもって主体的に改革に取り組もうとする人材が不可欠である。もちろん、ぐいぐいと全員を牽引していくリーダーも必要であるが、組織の構成員が傍観者的スタンスで構えているだけでは改革は進まない。学園組織が一体となる必要がある。しかし、そこには目に見えない壁が存在する。設置校間の壁、教員と職員の間にある壁、事務局組織や学科間の壁、上司と部下の壁、管理職と非管理職間の壁、理事会と教授会の壁、どれもが目には見えない壁である。自らが作った心の壁である。これらの壁が障害物となって、何もかもが前に進まない。昔、サラリーマン川柳に「ダメ組織、となりは何をする人ぞ」というのがあったが、まさにその通りで、情報の共有ができていない組織には活力がなく、新しいものを生み出す力もない。

「壁を破る」を二年にわたってスローガンにした。物理的な壁は大きな力で一挙に壊れるが、心の壁は壊すのに時間がかかる。それでも、新しい学園文化の構築に一定の時間は必要である。根気強く、その時々に一体感の醸成を唱え続けることが必要だ。否、唱えるだけでなく、それに向けた何がしかの行動が必要である。たとえば、隣の部署の業務を把握できているだろうか。把握できているなら、その業務の改善策を遠慮なく言い合えているだろうか。課なりチームなりの二つの組織メンバー四〜五人ずつが、相互に業務内容を詳細に説明しあい、理解しあったうえで、質問や意見を出し合う。「オーガニゼーションミラー」と呼ばれる手法であるが、このような組織活性化に向けた具体的な活動も必要である。

　ところで、このようなケースはないだろうか。以前は確かにあった壁が、環境の変化もあり、それがなくなっていても気づかず従来と同じ行動をとる。何をしても無駄と諦めが先に立つ。この無気力こそが組織崩壊につながるのだ。ご存じだろうか、「カマス理論」そのものである。カマスは獰猛で気性の荒い魚だ。水槽にカマスを入れ、そこに小魚を放り込むとたちまち襲いかかる。そこに透明の仕切り板を設けて、カマスと小魚を別々に入れると、カマスは小魚を食べようと何度も何度も仕切り板に体当たりをするが、そのうちに諦める。そして仕切り板を外しても小魚を襲わずに、これまで通り自分の領域を回避するだけだという。どうだろうか。もう壁はとうになくなっているのに、真面目なコミュニケーションすら取れないということはないだろうか。

①設置校間の連携強化

本学園に奉職した当時、設置校間の関係は極めて良くなく、たとえば高校と大学の関係も、中学校と小学校の関係もお互いに非難し足を引っ張りあう状態であった。これでは内部進学率の向上など期待できないどころか、学園のイメージダウンにもつながっていたのは当然である。学園は一つになってこそ力を発揮できるのは言うまでもない。トップとしてのリーダーシップが問われるところである。校園長会を毎月1回定期的に開催するとともに、新たに内部進学促進委員会を設置し、自ら指揮を執る。各設置校間の連携は徐々に強固なものになってきた。最近では高大連携のあり方が注目されているが、そもそも各設置校における内部進学の促進に向けた取り組みは、双方にとって重要な課題となり、自ずと連携が強化されていくことになる。大学生が小学校や幼稚園で実習もするし、小学生が運動会で園児と一緒に競技をすることもある。また学園花まつりは、学園をあげて行う重要な宗教行事の一つだが、これなども一体感のある縦のつながりの象徴であろう。宗教行事のほかにも、環境教育や地域連携などでは協働して取り組むことが必要なのは言うまでもない。

②教職融合

一般的に企業でも製造業などでは、技術職と事務職（営業職も含めて）の社員がいる。研究所などの分掌が特化した組織でも、全く立場は対等である。一つのミッションに協力して取り組んでいる。学校には教員と職員がいるが、役割が大きく違う。しかし目指すところは、学生生徒等への質の高い教育の提供というミッションであり共通であるはずだ。ところが、この双方には文化の違いを感じた。そもそも教員は教育職員であって事務職員と同じ学校職員であるのだが。昔こんな話を聞いた。大学教員は偉い。研究室の助手（職員）を私兵のごとく扱っている。出張の手続きや交通費の請求事務等ならまだしも、私物の買い物にまで走らせたというのだ。もちろん、そのような事実はもう十数年来ない。しかし、私が学園に奉職した頃、自分たち（教育職員）は一級職員で事務職員は二級職員というような意識はまだまだあったように思う。学部の会議等に同じメンバーとして同席することなどなかったし、会議室の準備やメンバーへの連絡、せめて議事録の作成くらいが事務方の仕事であった。事務職員もそれが当たり前としていた。そのほうが楽だからであろう。これでは、教職員が一体となって改革に取り組むなんてできない。最近では、ワーキングとか、プロジェクトと呼ぶ教職合同の検討グループを必要の都度立ち上げて、活発な議論をして校園長会や大学運営会議等に提案する仕組みができ、大きな進歩である。

大学の改革には事務職員の知恵や頭脳も必要である。否、むしろ事務職員が教学側を牽引するぐらいでないと改革は期待できない。環境変化を肌で感じ、危機意識を持っているのはむしろ事務職員に多いからである。

近年「大学アドミニストレーター」と呼ばれる専門職が置かれた大学もある。これはゼネラリストの要素とスペシャリストの要素を兼ね備えた職種である。従来のように単に事務だけを熟《こな》していればいいのではなく、大学運営や経営に関する深い見識と判断力を持って、学長をはじめ管理職をサポートできなければならない。将来的には、副学長の一人は事務系の専門職を配置することも考えればどうかと思う。まずは、こうした教職融合の象徴となる人材の育成が望まれるところである。

③インフォーマル・ミーティング

大学組織や事務局組織には数多の会議体がある。一人で何役もこなさなければならない人もいる。概ね、仕事のできる人のところに仕事が集中するのは企業も同様である。時に全く同じメンバーで全く異なるテーマを議論したりもしているが、結論に新鮮味がない。小規模組織ではそれも仕方ないかもしれない。そこで、これまでと違った顔ぶれの教職員を集めて、理事長直轄の学園の将来を議論する場を設けた。学科等自らが所属する組織の利害を念頭に置いた代表者ではなく、唯一学園の将来だけを考えること。人や金に与件をもたずに、企業人の発想で議論し提案する。これがインフォーマル・ミーティング（ＩＭ）で事務職員四名と大学教員四名がメンバーで、その共通項は企業経験者である。議論は常に活発に行われた。たとえばブレインストーミングの中で、宝塚ジェンヌに向こうを張って「光華ジェンヌ」と呼べる学生づくりをめざしてはという案も出た。また比較的実現性の高い提案としては、東京で数回のシリーズ制セミナー等を開催し、京都歴史探訪と組み合わせて参加者を募り知名度アップを図るなどの企画もあった。これは即実現とはいかなかったが、一つの案として生き続け、後の京都アカデミアフォーラムへの参加が東京での発信拠点となり、一部実現が可能となった。

④参与会の設置

総合力の発揮は教職員だけの力の統合ではない。卒業生や保護者、さらには旧教職員など、いわゆるステークホルダー（利害関係者）の力を統合することが重要である。そこで、先述した通り、二〇〇一年に参与会を立ち上げた。第一回のメンバーは同窓会二名、保護者会三名、後援会四名、そして校長経験者等旧教職員七名の計一六名でスタートした。学園の将来構想についても説明し、質疑応答にも時間を十分とったが、やはり何よりも内部の者が大いに刺激を受けることとなったのは、参与会メンバーの、外からの目で光華の動向を見聞きした、さまざまな課題が浮き彫りになって見えてきたからであろう。理事長をはじめ各校園長にとって耳が痛い辛辣な意見を聞くことこそ、この会合の趣旨であった。

⑤外郭団体との連携強化

保護者会や同窓会、後援会は学園の外郭団体であるが、これは間違いなく光華ファンの集まりであり、これらのすべての力を学園の経営体力向上のために結集することが必要である。昔は、後援会も女性のみの婦人会を組織するほどの力の入れようであったが、現在は形骸化してしまった。ここでは保護者会と同窓会との連携強化について言及する。

先ず保護者会との連携について。本学園には幼稚園「ふたば会」、小学校「幸手会」、中学・高校「あけぼの会」、そして大学院から幼稚園まで全設置校を対象とする「奨学会」の四つの保護者会がある。中でも歴史があるのが奨学会である。一九四七（昭和二十二）年三月、高等女学校と女子専門学校に次いで、戦後の学制改革に伴い新制中学校が誕生した際、すべての設置校をまとめた保護者会（後に奨学会と命名）を設立することとなったのである。爾後、新たな設置校が設立される都度、保護者はこの奨学会の会員となった。ただ、幼稚園と小学校については個別に独自の保護者会を持つこととなったため、保護者は二つの保護者会費を負担している。中高についても、後に独自の保護者会を設置することとなったため、保護者は二つの保護者会に参加している。中でも全学横断的な奨学会は、学園教育を振興し、かつ学園と保護者との連絡を緊密にすることを目的として設立された。子ども達の健やかな成長を見守りつつ、在校生の学業支援等、学園の教育活動を支援するためには、教職員と保護者が一体となって取り組むことが重要であろう。

たとえば、各設置校の文化祭等の校園行事には、毎年役員や委員の方々が自分時間を犠牲にして参加し、独自の収益事業を展開しているが、ここでの収益金は各設置校に配分され、設備や研究施設の充実にあてられている。大学に保護者会が存在するのは恐らく本学園ぐらいではないかと思う。昔、ある設置校が保護者会に一定の距離を置いていた。保護者間のトラブルに巻き込まれ余計なエネルギーを費消することを忌避したのだが、これでは子どもはもとより、学校にとってもプラスにはならない。学校と家庭、保護者会が一体となってこそ、子ども達に寄り添い、心の通じる指導教育が可能となる。そこで着任早々から理事長が自ら、これらの保護者会役員と毎年度はじめに懇談することにした。この際、建学の精神や光華の歴史について、さらには経営理念についても話をする。こうしたことが役員の皆さんと学園の距離を一層縮め、光華への篤き思いを持ってもらえるようになったと思う。そして、役員の篤き思いが自ずと保護者の一人一人に染みわたっていくのは間違いない。

同窓会も同じである。学園には高女、中高の卒業生が組織する「澂清会」と女専と大学・短大・大学院の卒業生が組織する「ふかみぐさ」の二つの同窓会があるが、できるだけ学園との距離感を縮めるため、理事長自ら同窓会総会はもとより、時には支部総会にも参加して、同窓生と直に学園の現況について話をした。

卒業生は学生時代を懐かしみながらも、学園発展のためになろうと努力を惜しまないのは嬉しい限りである。これらもすべて学園を牽引する総合力になるのである。

〈注〉

（1）校訓「真実心」と行動の指針「光華の心」の実践。校訓「真実心」は親鸞聖人の『教行信証』にある言葉で、み仏の心すなわち慈悲心を言うが、これを「思いやりの心」と理解し徹底を図っている。しかし抽象的なこともあり、もう少し拡がりを持った行動指針として「光華の心」を定めた。これは、「こ」向上心、「う」潤いの心、「か」感謝の心である。常に「向上心」を持って自己を精一杯生き、自我に偏することなく他者を温かく思いやる「潤いの心」と、他力により生かされていることへの「感謝の心」を忘れず、共生できる人間であって欲しい。それこそが校訓「真実心」を体現することである。

（2）109頁表：私立大学数と入学定員の推移

（3）伝統文化礼儀マナー教育として、二〇〇二年度に正課として中学高校に導入している。

・指導監修　茶道　千　宗室氏（裏千家家元）

華道　池坊　由紀（現専好）氏（華道池坊次期家元）

書道　池田　桂鳳氏（日展審査員）
邦楽　野田　弥生氏（京都府三曲協会顧問）
和歌　冷泉　貴実子氏（冷泉家二五代為人氏夫人）
礼法　小笠原　清忠氏（弓馬術礼法小笠原宗家）

なお、茶道裏千家千宗室家元と華道池坊専好次期家元には本学園教育顧問に就任していただいている。

（4）109頁表：本学のこれまでのGP等採択状況

（5）地域総合科学科とは、実際の学科名称ではなく、これまでの学科のように内容を特定分野に限定せず、地域の多様なニーズに対応することが目的の学科の総称。短期大学基準協会により、その特色と教育の質について適格認定を受ける。二〇一七年度で二一校に認定されている。

（6）光華エコアワードとは、学生・生徒・児童や園児が地球環境問題について関心を持ち、身近なエコ活動に真摯に向き合うよう、全学園を挙げて取り組む活動。作文・標語、和歌・短歌、ポスター、作品の4部門を設け、応募作品を各部門専門の数名の教員で審査し、優秀作品（金・銀・銅・入選）を学園長が表彰する。金賞の中で特に優秀な作品は学園長賞を授与する。なお、金賞には副賞として黄色い花のバラ『光華』の苗木を授与する。また、入賞作品は学園内に掲示する。二〇一〇年の創立70周年を機に創設した制度である。

（7）病院とのアライアンス（提携）。二〇一二年四月の看護学科開設にあたって、京都駅近くにある康生会武田病院とアライアンスを組んだ。武田病院からは学生の臨地実習先としての受け入れと奨学金の給付を、本学からは武田病院への学生の就職支援を相互に行うこととした。

（8）校園長会のメンバーは各設置校の長、大学副学長・学部長、事務局長、学園運営部長であり、毎月一回（原則、第三木曜日の16時10分～18時）開催する。

（9）110頁表：私立大学の事業活動収支の構成比【再掲】

〔注 2〕

私立大学数と入学定員の推移 （単位：校、%、人）

年度	大学数	同左比率	入学定員数	同左比率
1989	368	100	293,917	100
1994	401	109.0	365,393	124.3
1999	450	122.3	403,177	137.2
2004	533	144.8	425,492	144.8
2009	570	154.9	449,819	153.0
2014	578	157.1	460,251	156.6
2019	587	159.5	487,065	165.7

出典：日本私立学校振興・共済事業団「2019 年度入学志願動向」
※大学数は私学振興共済事業団集計数であり、文科省の学校基本統計とは若干異なる

〔注 4〕

本学のこれまでの GP 等採択状況

〈GP〉

プログラム名	名称	区分	期間
現代 GP	学生個人を大切にしたキャリア教育推進	大学	2007 ～ 2009
学生支援 GP	学生個人を大切にした総合的支援の推進	大学	2008 ～ 2011
大学教育学生支援推進事業	短大学士力養成の具体的実践としてのキャリア教育の推進	短大	2009 ～ 2010
同上	学生個人を大切にしたキャリアメンターによる就活基礎力養成	大学	2009 ～ 2010
同上	自己教育を内包した教育モデルの展開	短大	2010 ～ 2012
キャリア教育就職支援事業	学生個人を大切にした就業力向上プログラム	大学	2010 ～ 2014

〈戦略的連携支援事業〉

戦略的大学連携支援事業	地域内大学連携による FD の包括的研究と共通プログラムの開発	大短	2008 ～ 2010
同上	e ラーニングシステム共有共用化に伴う教養教育の大学間連携	大短	2008 ～ 2010
同上	多面的な国際交流の充実と高等教育の質向上に向けた国際プログラム	大短	2009 ～ 2011

〈AP〉

AP	学習・学修マネジメント力を向上させる学習支援体制の構築	大学	2014 ～ 2019
同上	地域総合科学科に適合した AL の活性化と学修成果可視化システテ	短大	2014 ～ 2019

〔注 9〕

私立大学の事業活動収支の構成比【再掲】（単位：%）

事業活動収入		事業活動支出	
学生納付金	77.5	人件費	54.3
手数料	3.0	教育研究経費	36.8
経常費等補助金	9.3	（うち、奨学費）	(2.8)
寄付金	1.6	管理経費	7.1
その他	8.6	その他	1.8
合計	100	合計	100

出典：日本私立学校振興・共催事業団「今日の私学財政（平成 29 年度）」

おわりに――蛻変《ぜいへん》経営をめざして

時代の潮流は大きく変化し、将来に向けても激変し続けるだろう。近い将来、技術の領域にもビッグバンが起こり、想像を絶する社会が到来するに違いない。人生一〇〇年時代の到来、超スマート社会（Society 5.0）、グローバル化には既にその輪郭が浮かび上がりつつある。そのような状況下にあって、私学を取り巻く経営環境も厳しさを増すばかりである。私学淘汰の流れは今や不変である。社会が、企業が求める人材も常に変化している。たとえば、実学重視が社会の要請であるのも事実だが、大学に求められているのは、なによりもグローバルな時代に通用する広い視野と確固たるモラルポリシーをもって思考できる人材の育成である。また企業が、自主性や積極性、向上心、さらには探求心を身に付けた学生を社会に輩出することを大学に求めているのは言うまでもない。私学は激化する大学間競争にのみ現《うつつ》を抜かすのではなく、今こそ高等教育機関としての責務をしっかりと果していかなければならない。そのためには、諸行無常、時代が常に変化し続ける中で、建学の精神を堅固なまでに反映した教育を施し、社会の要請に応える人材を育成することである。大学がこの目的を達成するために管理運営のマネジメントを強固なものにする必要がある。ヒト、モノ、カネ、情報といった資源を教育に有効に活用するとともに、教学マネジメントを支えるFD（Faculty Development）やSD（Staff Development）を充実させなければならない。

ところで、質の高い教育の実践は私学のみならずすべての大学にとっての命題でもある。

ただし、私学については経営基盤が安定してこそ良質の教育が担保されるのであり、そのためにも強靭な経営体力が不可欠であるのは言うまでもない。時代の潮流を読む魚の目、社会の変化や要請を俯瞰《ふかん》する鳥の目、学生や保護者などステークホルダーのニーズを隅々まで把握する虫の目、この3つの目を常に見開き、変化を察知することが大切である。

「最も強いものが生き残るのではなく、最も賢いものが生き延びるのでもない。唯一生き残ることができるのは、変化できるものである」。これは進化論で有名なチャールズ・ダーウィンの言葉とされているが、これからの私学もこの言葉に通じる。資金が豊富な大規模私学だけが生き残るのではなく、研究に優れた私学が生き延びるのでもない。唯一生き残ることができるのは、時代の変化をとらえた改革を実行できる私学であると強く思う。

そこでわたしは、学内外からの批判を恐れず改革に邁進してきた。もちろん、人件費改革では京都私学教職員組合連合から毎日のように批判のファックスが寄せられたこともあった。しかし屈することはない。教職員とその家族を守り、同窓生の母校への願いと矜持《きょうじ》に応える強い心で改革を実行した。蓮如上人は浄土真宗の中興の祖と崇められている。今日、呱呱《ここ》の声を上げて八〇年の星霜を重ねるこの学園が、さらに九〇年、一〇〇年と東本願寺の足下、京都の地で繋がる時、誰かが蓮如のような役割を果たさねばならない。光華女子学園の教職員みんなが取り組んだ改革は、必ずや経営体力を強靭にしてきたはずである。

「疾風に勁草を知る」という言葉がある。激しい風が吹くことによって初めて、強風にも吹き折れない強い草が見分けられるという意味だが、転じて、逆境に直面して初めてその者の真価がわかるという意味に使われる。私たちはいま将に真価が問われているのだ。

話は変わるが、蛇が脱皮を繰り返して成長する姿を蛻変と言う。学校法人という社会的生物は意図的にこの蛻変を行い成長しなければならない。それが永続的な生存の鉄則である。蛇が冬眠を終え、地上に出て生活を始めるように、私たちは因習を打破し、環境変化に順応して姿を変えていく「蛻変経営」を実践していこうではないか。

あとがき――わたしと光華

わたしは昭和十八年（一九四三年）五月に、京都二条城の北、西陣の南端に位置する真宗大谷派の末寺、等観寺の四男として生を受けました。この時、東本願寺の宗務総長を辞した後に宗務顧問をしていた祖父阿部恵水はまだ健在で、私に将来の大器を期待して「敏行」と名付けたそうです。論語里仁第四に『君子欲訥於言耐敏於行』（君子は言に訥《とつ》にして行ないに敏ならんと欲す）という言葉があり、ここから引用したと聞きます。その意味は、言葉は訥がよいが、行動はきびきびとして敏でなければならない、というものです。果たして祖父の願いに叶った生き方ができているでしょうか。

さて、時は太平洋戦争の真っ只中、世間は食料難で日々の生活もままならない時代でした。一歳の頃に姉に背負われて江州（近江）大溝（現在の滋賀県高島市）の地に疎開したという話ですが、そこまで緊迫していたのでしょうか。等観寺から歩いて五分もかからない程の距離にあるお寺に誤って焼夷弾が落とされ、怪我人が出たのは事実です。

この戦争が開戦した二年前の一九三九年に財団法人光華女子学園は呱呱の声を上げ、その翌年四月に光華高等女学校が開学しました。当時、学校法人制度はまだなく、財団法人だったのです。戦局の逼迫で世の中が混乱し、国民が艱難辛苦の生活を強いられていた一九四四年、数学科、生物科、保健科を擁す光華女子専門学校が二番目の設置校として開学しました。この時代に高等教育を受けていた女性は同世代人口の僅か一％にも満たなかったのですが、それでも全国から、お寺の子女をはじめ、向学心に燃える女性が一〇六名も集まって来ました。智子裏方のご長女も女専一期生として迎えています。理事で校長を務めていた祖父は女専開学の一年半後、終戦を見てまもなく亡くなりました。わたしが二歳半の時です。

寺で生まれ育ったわたしですが、兄が三人もいたものですから寺を継ぐ必要もなく、得度はしませんでした。しかし、幼少の頃は祖母や両親から、言葉遣いや礼儀作法、そして生かされて生きることの自覚について厳しく躾られました。祖母からは、お仏飯で生かされている有難さをこんこんと説き聞かされたものです。本堂で正信偈のあげかたを指導されたりもしました。しかしその祖母も、わたしが小学校5年生の時に他界しています。わたしは大谷大学への進学など毛頭考えず、京大の受験にトライしましたが、結局は関西学院大学に進学しました。甲山《かぶとやま》の麓に位置する上ヶ原キャンパスは、自然に触れる日本でも有数の美しいキャンパスです。友人と将来を語りあい、時には偉大なる自然の姿について議論しました。チャペルアワーにも真面目に参加し聖歌も歌いました。これも自分を錬磨するいい機会になったと思います。後に京大経済研究所の所長になられた尾上久雄先生のゼミで経済政策を学びましたが、これは残念ながら私の認知能力の拡大に大きな影響を与えなかったようです。勉強はほどほどにしていましたが、3年生の時に、一～二年の基礎ゼミを指導いただいたフランス語の小島達夫教授にお願いして、文学部フランス語学科のクラスに入れてもらって一緒にフランス語を勉強したのをよく覚えています。大阪ガスへの就職は六月初めに順調に決まりました。三三年間勤務しましたが、随分多くのことを学び、成長させてくれたものです。一九七〇年四月の天六ガス爆発事故（大阪市北区で発生したガス漏れによるガス爆発事故。死者七九名、負傷者四二〇名、半焼家屋二六戸、損壊三三六戸と大きな被害を出した）では被害者の方々から罵声を浴び、悲痛な声を聴くこととなりましたが、これはお客様に誠心誠意向き合うことの大切さを体得する機会となりました。また、管理職になった頃でしょうか、時の社長が経営方針で、「人間成長の経営」「継続は力なり」を説かれたのが印象的です。本社の中枢機構で長く勤務し、経営トップの近くで仕事をする機会に恵まれたことは大きな財産となっています。たとえばこのようなことがありました。一九八〇年、いわゆるオイルショックもあり、ＬＮＧなどの原料費や人件費などが大幅に急騰し、会社は当時の通産省にガス料金改定を申請しました。わたしは一〇人で構成する申請作業チームのメンバーとして、設備投資計画やそれに伴う申請料金原価の算出作業を担当し、お役人の査定を受けました。この際の一項目でも不要と査定されないよう渡り合った丁々《ちょうちょう》発止《はっし》のやり取りの情景、そして認めてもらえた達成感や削減される屈辱感が今も鮮明に脳裏に描き出されます。この体験も私学経営者としてのわたしに大きな影響を与えているのでしょう。そして、私学経営にあたっての折々のジャッジメント（判断）に際し良好な縁となっているものと確信します。

さらに、社内外に多くの友を得たことも大きな財産です。三〇年以上も前のことになりますが、一緒に仕事をした部下の人たちが「ＡＢＥＮＥＷ会」と称して、今も年に一度とはいえ、わたしを慕い集ってくれるのは無上の喜びです。また、都市ガス協会のあるプロジェクトで、一緒に仕事をした全国一三社のガス事業者の仲間たちも、大阪工業会（現在は大阪商工会議所）でともに欧米へ視察に行った企業経営者の皆さんも、いまだに便りを頂きますが、大きな力をもらっています。

これらの経験と多くの人との絆は間違いなく光華女子学園での仕事に生かされていますが、企業や学校での生業の原点はやはり生まれ育ったお寺にあるように思います。いわゆる非認知能力というのでしょうか。感謝の心や慈悲の心、向上心を育んできた目に見えない力にしても、協調性にしても、自制心にしても、これらはすべて幼少期を過ごしたお寺という環境の中で育まれてきたものです。また、学生時代に出会い大切にしてきた言葉に孔子の『恕』があります。「其れ恕なり。」孔子が十哲の一人子貢の「人生で一番大切なことを一文字で表せばどうなるか」という問いに対して答えた言葉です。

企業であれ、私学であれ、経営に王道はなく、むしろ茨《いばら》の道を歩まねばなりません。経営者の倫理感は時々の経営判断に際して滲《にじ》み出てくるものです。すべてのステークホルダーに対し愛情がなければなりません。たとえば、聖域なきコスト削減も経営者に温かい心があってこそ実現できるのです。企業経営の合理性を知り、教育への情熱を持つ。そこには一本の線が貫通している。この目に見えない線こそ感謝の心、潤いの心（思いやりの心）そして向上心であり、み仏に帰依する心かもしれません。

二〇一八年度からご縁があって、京都大学学際融合教育研究推進センターの特任教授を拝命し、京大私学経営アカデミー「学校経営ディレクター」資格取得講座において、わずか年一回ですが「私学経営論」の講義を担当する機会を得ました。京都大学大学院元教育学研究科長、公益財団法人国際高等研究所副所長で京都光華女子大学学長の高見茂先生のお勧めもあり、この度講義内容を中心にまとめ直して上梓することとしました。単なる読み物にしても内容は甚だ貧弱ですが、何かの参考になれば幸甚です。最後に、この度の発刊にあたり協同出版の小貫輝雄社長及び諏訪内敬司氏には多大なお世話になりました。衷心より感謝申し上げます。

令和二年六月